시선의 발견

시선의 발견

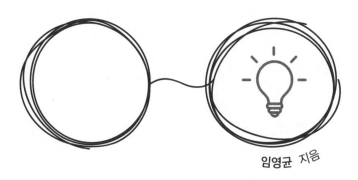

임영균 지음

기획자의 시선으로
바라본 세상
그곳에 아직 발견하지 못한
기회가 숨어 있다

휴먼큐브

세상의 기획을 훔쳐보자

어느 날 갑자기 평화로운 직장 생활에 '빡' 하고 금 가는 소리가 들려온다.

"새로운 거 없어? 맨날 하던 거 말고."

"다음 주까지 아이디어 하나씩 생각해 와봐."

"사내 공모전에 출품할 기획 아이템 하나씩 고민해 오세요."

지금 하는 일만으로도 숨이 턱턱 막히는데, '새로운 거'는 웬 말인가 싶고, '아이디어'를 내라는 말은 '아이러니'하게 들릴 뿐이다. 도대체 팀장님은 생각이라는 것을 하고 말하는지 합리적인 의심이 든다.

울며 겨자 먹기로 '새로운 아이디어', '신제품 사례', '신박한 아이템' 등의 단어를 인터넷 검색창에 치며 실낱같은 희망을 걸어보지만 제대로 된 정보는 눈에 띄지 않는다. 오히려 정보인 듯 정보 아닌 광고의 홍수 속에 지름신만 강림할 뿐이다.

'나는 누구? 여긴 어디?'

'이번 회사와의 인연은 여기까지인가?'

이런 생각이 스멀스멀 밀려올 때쯤 마감 기한은 코앞으로 다가온다. 벼락치기라도 하는 심정으로 끝까지 고민해봐도 뾰족한 수가 떠오르지 않는다. 그렇게 우리는 새로운 생각을 떠올리려는 힘겨운 싸움을 이어가보지만, 결국 떠오르지 않는 생각 앞에 좌절을 맛보게 된다.

왜 그럴까? 이 질문에 답하는 데 많은 시간이 필요해 보이지는 않는다.

'우리는 잡스 형이 아니니까.'

그럼 어떻게 해야 할까? 이 역시 답변에 오랜 시간이 필요하지 않다.

'생각이 있어야, 새로운 생각도 만들어진다.'

새로운 생각, 신박한 기획, 창의적인 아이템은 갑자기 하늘에서 뚝 떨어지지 않는다. 기획자가 평소에 고민한 시간에 비례해서 새로움의 농도가 결정된다. 평소의 경험, 관찰 사실, 수집한 정보, 고민한 생각 등이 머릿속에 쌓여 있어야 새로움의 농도가 진해진다. 닥쳐서 갑자기 새로운 생각이 떠오르기를 기대하는 것은 아무것도 하지 않으면서 감이 떨어지기를 기대하는 것만큼 우매한 행동이다. 토질이 좋아야 꽃도 피고 열매도 맺히는 거지, 척박한 땅에 아무리 공들여봐야 꽃은커녕 싹조차 움트지 않는다.

좋은 기획은 하루아침에 만들어지지 않는다. 평소에 세상을 유심히 관찰하고, 정보와 경험을 모으고, 생각하는 힘을 키워야 한다. 좋은 기획을 하는 최고의 방법이자 유일한 방법이라고 생각한다. 내가 이 책을 쓴 이유이기도 하다.

이 책은 세상에 넘쳐나는 다양한 기획을 모아놓은 기획 사례집이다. 지면의 한계와 미천한 경험으로 세상의 모든 기획을 담을 수는 없지만, 기획의 의미와 재미를 전할 수 있는 양질의 사례를 엄선했다. 대박 상품이나 히트 상품은 아니더라도 기획력을 키우고 생각의 폭을 넓힐 수 있는 가치 있는 사례를 담았다.

고기도 먹어본 놈이 먹는다고, 다양한 기획 사례를 접하고 그 기획에 접목된 기술을 하나하나 익혀나가면, 내 기획에 창의적인 생각을 보태는 데 도움이 될 것이다. 적어도 "새로운 거 없어?"라는 상사의 요청에 눈앞이 캄캄해지거나 숨이 턱 막히는 답답함은 피할 수 있으리라 생각한다.

책의 내용은 크게 세 가지다. 먼저 책의 취지에 맞게 다양한 기획 사례를 소개한다. 소소한 기획부터 시대를 움직이는 기획까지 스펙트럼을 다양하게 구성했다. 단순히 사례를 소개하는 데 그치지 않고 기획의 포인트와 시사점을 고민해서 함께 담았다. 두 번째로 기획자의 습관을 이야기한다. 성공한 위인, 탁월한 기획자, 스타트업 CEO 등의 습관이자, 개인적인 습관도 일부 포함되어 있다. 다만 책의 본질을 해치지 않기 위해 분량은 최소화했다. 마지막으로, 기획 관련 명언을 모아봤다. 기획 사례가 메인 디시고 기획자의 습관이 사이드 디시라면, 후식으로 먹는 아이스크림 정도라고 생각하면 된다. 책의 지루함을 달래줄 달콤한 콘텐츠가 되어줄 것이다.

이 책이 다른 사람들의 생각을 엿보는 창이 되고, 세상의 흐름을 이해할 수 있는 나침반이 되길 바란다. 또한 '기획 별거 없네? 나도 할 수 있겠다'라는 자신감의 원천이 되었으면 한다. 나아가 여러분이 창의적인 기획을 해나가는 데 작은 보탬이 되었으면 한다.

그럼 지금부터 세상의 기획을 발견해보고, 그 시선이 닿는 곳에 어떤 기회가 숨어 있는지 살펴보자. 그 시선이 쌓이고, 나아가 그 시선들이 연결되는 지점에서 분명 여러분의 창의적인 기획이 시작될 것이다. 그리고 기획은 곧 'ㄱ'이라는 연료통을 떼고 여러분에게 새로운 기회로 다가갈 것이다.

작지만 위대한 기획

소소함에 묻어 있는 위대함

여자친구 집에서 볼일 볼 때
이거 하나면 끝!

(**'한방울'**)

이제 결혼 10년 차. 와이프 앞에서 방귀도 뀌고 온갖 더러운 행동을 일삼는 이 시대 전형적인 유부남이지만, 나에게도 젊음은 있었다. 여자친구 앞에서 설레고 부끄러워하던 그 시절 말이다. 특히 처음으로 여자친구의 원룸 자취방에 간 날은 잊을 수 없는 설렘으로 남아 있다. 혹시 발 냄새가 나지는 않을까, 가까이 가면 땀 냄새가 나지는 않을까 모든 게 조심스러웠다.

하지만 조심성에 발목을 잡는 녀석이 있었으니, 오랜 시간 함께한 장트러블이었다. 급한 마음에 여자친구 집 화장실을 이용하기는 했지만, 방과 달라붙어 있는 원룸 화장실을 이용할 때마다 소리와 냄새 때문에 여간 곤욕이 아니었다.

소리는 그나마 해결 가능했다. 물을 틀어놓거나 핸

드폰 음악을 크게 틀어놓으면 된다. 문제는 냄새였다.

'혹시 내가 나가고 여자친구가 바로 화장실에 들어오면 어쩌지?'

아무리 방향제를 뿌리고 뚜껑을 덮어놓아도 해결되지 않는 냄새 앞에 늘 노심초사였고, 이 문제는 그 후로도 수년 동안 미제사건으로 남아 있었다.

그렇게 몇 년의 시간이 흐른 어느 날, 그 여자친구의 남동생, 지금의 처남이 일본 여행을 하고 돌아온 길에 이름도 요상하고 생긴 것도 요상한 '한방울'이라는 제품을 선물해줬다.

온통 일본 말이라 정확한 성분이나 사용법은 모르겠지만, 일단 제품 이름에서 감이 딱 왔다. ×을 싸고 나서 그 위에 한 방울만 톡 뿌려주면 거짓말처럼 냄새가 사라지는 제품이었다. 고급스러운 방향제 냄새라고나 할까? 정확히 묘사할 수는 없지만, 화장실 안에 기분 좋은 향기가 퍼진다. 한마디로 한방울은 냄새를 향기로 바꿔주는 제품이었다.

처음 써보는 순간 그 향기에 반했고, 그 향기에서 좋은 기획의 향기까지 느낄 수 있었다.

누군가는 화장실 ×냄새를 맡으면서 '아, 냄새……드럽게 오래가네'라고 불평불만만 늘어놓고 해결할 생각

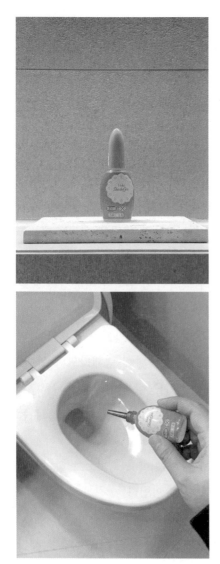

단 한 방울로 곤란한 냄새를 없앨
수 있는 '한방울'.

은 하지 않았다. 혹은 휴지로 코를 막거나, 오랜 시간 기다렸다 들어가거나, 시끄러운 환풍기를 돌리는 미봉책을 활용했다. 하지만 일본의 어느 기획자는 이 문제를 간과하지 않았고 기분 좋은 방법으로 문제를 해결했다. 게다가 이름도 '한방울'이다. 변기 냄새 제거제, ×냄새 제거제보다 훨씬 더 강력하게 다가온다.

세상에 나쁜 냄새를 좋아하는 사람은 없다. 냄새는 늘 사람들의 고민거리다. 옷 냄새를 잡기 위해 페브리즈가 나왔고 최근에는 스타일러도 한몫 톡톡히 한다. 음식 쓰레기 냄새 고민은 음식물 쓰레기 처리기가 해결해준다. 입 냄새는 가글액이 담당하고 있다.

하지만 세상의 냄새가 어디 이것뿐일까? 아직 세상에 해결법이 나오지 않은 냄새는 뭐가 있을까? 우리 제품이나 서비스에 냄새 관련 이슈는 없을까? 혹은 그동안 당연하게 생각해온 냄새 제거 방법을 다른 것으로 대체할 수는 없을까? 1리터가 아닌 1방울로 가능하게 할 수는 없을까?

이런 질문을 통해 아직 해결되지 못한 냄새에 시선이 닿는 순간, 그곳에서 어김없이 기획의 기회가 발견될 것이다. 그리고 그 냄새가 향기로 바뀌는 그 순간, 그 지점에서 또 하나의 기회가 생길 것이다.

더 이상 짜장에 손을 더럽힐 필요 없는
더럽^{the love} 기획

'짜장면 스티커'

요즘은 '간단하게 짜장면이나 시켜 먹자'라고 말하기에는 그 값이 천정부지로 올랐지만, 예나 지금이나 빠르고 간편하게 먹기에 짜장면만 한 음식도 없다. 그런데 간편하게 먹자고 시킨 짜장면이 간편하지 않게 느껴지는 순간이 있으니, 짜장면 그릇을 감싸고 있는 랩을 벗기는 순간이다. 젓가락 비비기 신공이나 손으로 잡아 뜯는 정공법을 시도해봐도, 랩이 짜장면 위로 떨어지거나 짜장을 손에 묻히는 통과의례를 치러야 한다.

이때 짜장면 랩을 벗기는 방식에 문제를 제기하고 기획을 시도한 귀여운 학생들이 있었다. 서울시 창업 경진대회에서 자그마치 1,610대 1의 경쟁률을 뚫고 대상을 받은 상품으로, 이름도 귀여운 '짜장면 스티커'다.

'짜장면 랩을 벗길 때 꼭 이렇게 더럽게 뜯어야 할까? 어

짜장면 랩에 부착된 스티커를 잡
아당기면 손쉽게 랩을 뜯을 수 있
다.

떻게 하면 쉽게 벗길 수 있을까?'

이 문제의식에서 기획을 시작한 학생들은 연구를 거듭한 끝에 짜장면 스티커를 세상에 내놨다. 이 스티커를 랩에 붙인 후 쫙 잡아당기기만 하면 깨끗하게 랩을 뜯을 수 있다.

우리는 그동안 짜장면 랩을 벗길 때 잘 뜯기지 않아 손에 짜장을 묻히는 게 어쩔 수 없는 일이라 생각했다. 고귀한(?) 짜장면을 먹기 위한 기본적인 예의쯤으로 여겼다. 하지만 이 고등학생들은 이 문제를 간과하지 않았다. 일상의 당연함에 '왜 그래야 하지?'라는 문제의식을 품었고, 작지만 좋은 기획을 세상에 내놓을 수 있었다.

물론, 겉으로 보이는 상품 자체만 놓고 보면 소소하다고 할 수 있다. 고작 '스티커'라고 치부할 수도 있다. 하지만 전국에 중국집이 약 3만여 개, 하루 평균 약 7백만 그릇이 나간다. 이 모든 사람이 겪는 불편을 합치면 결코 소소한 기획이 아니라는 생각이 든다. 재미도 있고 의미도 있는 짜장면 스티커. 세상의 더럽dirty을 더럽the love 하게 바꾼 좋은 기획임에 틀림없다.

모 배달 앱 마케팅 임원은 "배달 앱도 작은 아이디어에서 시작된 사업이었다. 짜장면 스티커가 짜장면을 넘어 음식을 감싸고 있는 랩의 불편함을 제거하는 혁신적인 상품으로 거듭나길 바란다"며 기획의 우수성을 평가하기도 했다.

비슷한 맥락으로 먹을 때 느끼는 불편함을 문제 삼아 업계에서 파장을 일으킨 햄버거도 있다. 아마 사진을 보는 순간, 단박에 이 햄버거가 세상에 나온 이유를 알아챘을 것이다.

햄버거를 먹다 보면 양파가 쑥쑥 빠지고, 양상추는 바지에 떨어지고, 소스는 줄줄 흐른다. 다들 한 번쯤 불편함을 느낀 적이 있을 것이다. 하지만 대부분 당연하다고 생각하고 그냥 넘어갔다.

'햄버거는 원래 이런 거야.'

이 당연함에 딴지를 건 기획이 있었으니, 이름이 모든 것을 말해주는 'UFO버거'다. 세상이 당연하다 여기는 고정관념에 딴지를 걸고 '햄버거를 왜 꼭 흘리면서 먹어야 해?'라는 문제의식에서 기획을 시작했다. 오랜 연구 끝에 지금의 UFO버거가 세상에 나왔다.

처음에 이 햄버거를 먹을 때, UFO의 Unidentified라는 단어처럼 낯설게만 느껴졌다. 하지만 점차 햄버거를 먹을 때 느꼈던 불편함에서 해방감을 맛보자, 근처를 지날 때마다 꼭 여기에 들러서 UFO버거를 사 먹고는 한다. 지금은 전국에 체인점 매장이 3개밖에 없지만, 햄버거 업

채소나 소스를 흘리지 않고도
햄버거를 먹을 수 있게 만든
'UFO버거'.

계의 미확인비행물체는 그 착륙지역을 점점 더 넓혀가지 않을까 기대해본다.

사람들은 기존의 불편함에 익숙해지면 그걸 당연함으로 받아들인다. 불편하다는 사실조차 느끼지 못한다. 나는 바로 이 지점이 아직 기획자들이 발견하지 못한 Unidentified 영역이라고 생각한다. 이제껏 그 누구도 발견하지 못한 그 지점. 그 지점에 연착륙하는 시선이 발동될 때, 세상에는 또 하나의 the love한 기획이 등장하지 않을까 기대해본다.

"사소한 일이 우리를 위로한다.
사소한 일이 우리를 괴롭히기 때문에."

– 블레즈 파스칼Blaise Pascal

사소하다는 것이 작다는 것과 동의어는 아니다.
그 안에 어떤 가치를 담느냐에 따라서
사소함은 얼마든지 위대함이 될 수 있다.
좋은 기획인가 아닌가를 판단하는 기준이
'사이즈'여야 한다는 이유는 그 어디에도 없다.

밤길 조심하세요,
밤을 밝히는 작은 등불

'야간 센서 조명'

늦은 밤. 집 안의 조명이 모두 꺼지고 우리 세 가족은 거실에서 다 같이 잘 준비를 한다. 멀쩡한 방 놔두고 굳이 거실에서 다 같이 자는 이유는 우리 가족 중 아무도 모르지만, 왠지 모르게 오붓한 가족만의 시간으로 집안 전통(?)쯤으로 해두기로 한다.

밤 11시쯤 노곤하게 잠이 들 찰나, 평화를 깨는 딸아이의 한마디가 들려온다.

"아빠 나 쉬……"

왜 하필 이럴 때만 엄마가 아닌 아빠를 찾는지 모르겠다. 미리미리 화장실에 다녀오지 않았다고 엄마에게 혼날 것을 예상한 꼬맹이의 고도 전략이 아닐까? 아니나 다를까, 와이프는 아예 움직일 생각을 하지 않는다. 숨조차 쉬지 않는 혼신의 연기로, 나보고 다녀오라는 강력한 신호를 보낸다.

칠흑같이 어두운 거실. 화장실까지 꼬맹이를 안전하게 인도하기 위해 우선 불을 켜야 한다. 이때 순간적으로 눈에 들어오는 빛은 눈에 자극이 될 뿐 아니라 가까스로 불러낸 잠기운을 몰아내는 빌런(?) 같은 존재다.

몇 날 며칠 반복되는 이 문제를 고민하다가, 문득 출근길에 신발장에서 자동으로 점등되는 센서등을 보고 저런 조명이 거실에도 있었으면 좋겠다고 생각했다. 폭풍 검색을 해본 결과, 아니나 다를까 이미 세상에 나와 있는 제품이었다. 이름하여 '야간 센서 조명'으로, 크게 세 가지 특징을 보인다.

첫째, 본능에 충실하다. 주간이 아닌 야간에만 그 기능을 발휘한다. 사람의 움직임을 전방 3~4m, 반경 120도까지 감지하여 움직임이 있을 때만 불을 밝혀준다. 지속 시간은 약 20초 내외로 딱 필요한 순간에만 불이 들어온다.

둘째, 인간 친화적이다. 너무 환하지도 어둡지도 않은 적당한 불빛으로 길을 밝혀준다. 2800K 내외의 황색 조명으로, 눈에 거부감도 없고 오래 쳐다봐도 피로감이 확실히 적다.

셋째, 가격이 착하다. 브랜드나 성능에 따라 차이

는 있겠지만 개당 1만 원 정도의 가격이다. 게다가 AA건전지 2~5개만 넣으면 반영구적으로 사용할 수 있다.

가격 좋고 성능 좋고. 가성비 넘어 가심비까지 저격하는 야간 센서 조명은 우리 집을 넘어 장인어른 댁으로, 지인의 사무실 출입문으로, 친형 집으로 빠르게 분양되었고, 작은 선물이지만 받은 사람 모두 크게 만족하는 선물이 되었다.

잘 보이지 않는다는 것은 인간에게 그 어떤 불편보다 큰 문제로 다가온다. 그래서일까? 어둠에 가려 보이지 않는 불편을 해소해주는 다양한 조명이 세상에 넘쳐나고 있다. 조명이 위에 있어야 한다는 고정관념을 깬 바닥 조명 '고보 라이트'는 길거리를 화려하게 수놓기도 하고, 효과적인 광고 수단으로도 활용되고 있다.

ON/OFF 스위치 역할을 버튼이나 터치가 아닌 박수 소리, 음성인식이 담당하는 조명도 있다. 조명에 응원을 더해 세상에 나온 응원봉은 콘서트장에 없어서는 안 될 도구로 자리매김했다. 어둠은 그렇게 누군가의 기획에 의해 걷히고, 그걸 기획해낸 누군가에게는 기회가 되고 있다.

어둠만이 인간의 눈을 가리는 것이 아니다. 나이가 들면 자연스레 퇴화하는 시력, 여기에도 숱한 기획의 기

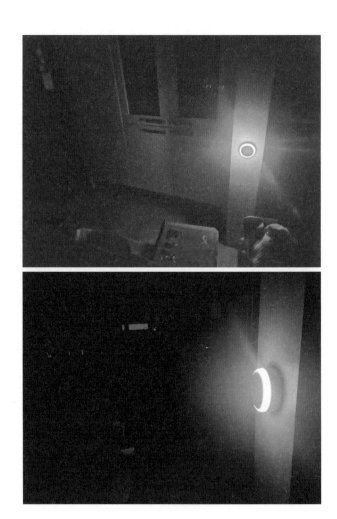

캄캄한 밤, 내가 딱 필요한 때
에만 은은한 빛을 발하는 야간
센서 조명.

회가 있다. 안경, 돋보기, 렌즈 등 시력 보조 수단뿐만 아니라, 지금은 아예 큰 글자 도서가 등장해 독서 시 어르신들의 불편을 해소하고 있다. 은행에서는 시력 약자를 위해 현금인출기에도 큰 글자를 도입하면서 좋은 반응을 이끌어냈다.

잘 보일 때는 모르지만 안 보이게 되면 비로소 깨닫는 불편함. 아직까지 해결되지 않은 그 불편함 너머에 또 다른 기획의 기회가 있지 않을까 생각해본다.

산 자를 위한 기획,
죽은 자를 위한 기획

(**'미니어처 제사상'**)

설 연휴를 하루 앞둔 어느 날, 친한 후배와 함께 용인에 있는 봉안당을 찾았다. 후배의 아버지가 계신 곳이다. 마침 집 근처이기도 하고 후배 얼굴도 볼 겸 해서 나도 동참하게 되었다. 후배는 봉안함 앞에 서서 아버지에게 인사드리고 말도 몇 마디 건넸다. 조촐한 인사를 끝내고 돌아서는데, 왠지 모를 아쉬움이 밀려온다. 할 일을 다 못 한 것 같은 찝찝함이 남아 있다. 일 년에 두 번 명절 때밖에 찾아뵙지 못하는데, 제사상도 차리고 술도 한잔 올리고 싶으나 공간적인 한계로 딱히 할 수 있는 것이 없다. 후배 얼굴에도 아쉬움이 역력하다.

　　그때였다. 근처 봉안함에 놓인 재미있는(?) 물건 하나가 눈에 들어왔다. 미니어처 제사상이었다. 순간 발걸음을 멈추고 오랜 시간 그 제사상을 살펴봤다. 좋은 기획

미니미소의 미니어처 제사상

이라는 생각이 들었다. 어떻게 미니어처를 봉안당 제사상으로 연결할 수 있었을까? 그 기획자의 생각이 궁금해졌다.

봉안당 전용 미니어처 제사상은 '미니미소'라는 미니어처 제작 업체에서 파는 상품이었다. 하지만 처음부터 미니미소가 미니어처 제사상을 파는 곳은 아니었다고 한다. 여느 업체와 마찬가지로 일반 미니어처 상품을 판매해왔다. 어느 날 고객으로부터 전화 한 통을 받기 전까지는 말이다.

"제가 봉안당에서 부모님 제사를 지내고 싶은데요, 혹시 미니어처 제사상 제작도 가능할까요?"

미니미소의 대표 구승연 씨는 이 말을 허투루 듣지 않았다. 기술적으로 가능한 일이라고 판단했고, 그 고객의 애절한 효심을 거절할 수 없었다고 한다. 고객의 말에 답이 있었고, 그 답에 현명하게 대응한 결과 좋은 기획이 시작되었다.

'고객의 말에 기획의 기회가 있다.'

귀에 못이 박히도록 들은 탓에 새로울 것 없는 말이다. 그런데 고객의 말에서 답을 찾고자 노력하는 이가 얼마나 될까? '예전에 다 해봤는데 안 돼', '그게 되겠어? 말이 돼?', '시장이 있을까?' 등등 안 되는 이유부터 찾는다. 하지만 고객의 말에서 힌트를 얻은 구승연 대표는 과감하게 '된다'고 판단했고, 그것을 시작으로 미니어처 제사상의 사업화가 본격적으로 시행되었다.

사업 초기에는 주문량이 많지 않아 어려움도 있었다. 하지만 좋은 기획의 가치는 언제나 고객이 먼저 알아본다. 점차 입소문을 탄 미니어처 제사상은 한 달에 100건 이상의 주문이 들어오고, 월 매출 1,000만 원 이상을 올리고 있다. 특히 추석이나 설 명절을 앞둔 대목에는 주문량이 폭주한다고 한다.

미니어처 제사상에서 출발한 사업은 이제 봉안당 꾸미기로 확대 진화하고 있다. 미니미소에서는 미니어처 제사상뿐 아니라, 고인이 즐겨 했던 운동이나 취미, 즐겨 먹던 음식, 좋아했던 장소까지 어떤 분야든 상관없이 미니어처를 제작하고 있다.

미니미소는 '미니로 소통하기'의 줄임말이라고 한다. 미니어처를 통해 고인과 남은 가족들이 소통할 기회를 만들고, 같은 추억을 영원히 공유할 수 있었으면 하는 의미에서 지은 이름이라고 한다. 그런 의미에서 어쩌면 미니미소가 고객에게 파는 것은 단순히 하드웨어인 미니

고인이 생전에 즐겼던 취미나
음식을 나타내는 미니어처로
추억을 떠올릴 수 있다.

어처 제사상이 아니라 효심이나 추억이 아닐까 싶다.

'좋은 기획은 상품이 아닌 가치를 판다.'

하루는 뉴스를 보다가 '하늘의 별이 되었다'라는 비유적 표현을 그대로 기획으로 옮긴 중국의 모 장례업체 서비스를 보면서 혀를 내두른 적이 있다.

유골은 땅에 묻거나, 봉안당에 보관하거나, 수목장, 아니면 바다에 뿌리는 게 일반적이다. 그런데 이 업체는 손바닥만 한 캡슐에 유골을 담아 우주로 쏘는 방법을 고안해냈다. 누군가가 습관처럼 쓰던 말을 현실로 재현한 것이다. 물론 극복해야 할 문제들이 남아 있지만, 그 발상만큼은 탁월하다는 생각이 든다. 더 이상 유해를 묻을 곳이 없다는 말이 심심찮게 나오는 우리나라에 더 필요한 기획이 아니었나 하는 아쉬움도 남는다.

기획은 산 자가 하지만 그 대상은 꼭 산 사람만이 아닌 듯싶다. '100세 시대, 100세 시대' 하는데 죽음 이후의 시간은 더 길지 않을까(?) 하는 확인되지 않은 생각과 함께, 죽음 너머에 미치는 더 많은 시선을 기대해본다.

"작가는 글을 쓰는 사람이 아니라,
평소에 말을 모으는 사람이다."

– 작가 김영하

명언
레시피

작가가 말을 모으는 사람인 것처럼,
기획자도 고객의 말을 모으는 사람이다.
인터뷰, 설문조사, FGI(표적집단면접법)와 같은
공식적인 방법 말고,
평소에 스치듯이 지나가는 고객의 말을 잘 모아둔다면
거기서 기획이 시작될 수 있다.

내 꺼인 듯 내 꺼 아닌
니 꺼 같은 너

(**'니콘내콘'**)

고등학교 시절. 100일, 생일, 발렌타인데이 등의 기념일이 되면 선물가게에 가서 여자친구에게 줄 선물을 고르고, 포장하고, 설레는 마음으로 전했던 기억이 난다. 하지만 지금은 설렘의 자리를 편리함이 대신하며, 선물 대신 기프티콘으로 마음을 전하는 시대가 되었다. 선물을 고르는 곳은 선물가게가 아닌 기프티콘 사이트가 대신하고 있고, 선물 전달은 카카오톡이 대신하고 있다.

　　선물에 비해 마음이 담기는 정도야 덜하지만, 어쨌든 기프티콘을 받으면 고마운 생각이 들고, 가끔 깜빡하고 쓰지 못했던 기프티콘을 핸드폰 사진첩에서 발견하는 날에는 로또를 맞은 것처럼 행복한 기분이 들기도 한다.

　　하지만 이런 기프티콘이 달갑지 않은 시즌이 있으니, 일명 '생일 주간'이라고 하는 생일이 포함된 일주일이다. 카카오톡에서 어찌나 스마트하게 시스템을 만들어놨는지 내 생일 일주일 전부터 친구들에게 알림을 보낸다. 일주일 뒤 생일인 친구 ○○○, 생일 당일에는 이름 옆에 폭죽 그림까지 더해지면서 카톡 친구들이 그냥 지나치기 힘들게 만들어놨다. 물론 그 의도야 '소통'이라는 대의명분이겠지만, 우리 사이트에서 기프티콘 많이 구매했으면 좋겠다는 얄팍한 속내가 보이는 것은 기분 탓일까?

어쨌든 생일 주간이 되면 쏟아지는 기프티콘 때문에 여간 골치가 아니다. 개수가 많아서 관리가 쉽지 않고, 똑같은 기프티콘 10개를 어느 세월에 다 사용한단 말인가. 상품별로 다른 유효기간을 체크하는 일이 커다란 스트레스로 느껴지는 것 역시 기분 탓인 걸까?

이번에는 확실히 기분 탓만은 아닌 듯싶다. 주변에도 같은 문제로 고민하는 사람들이 꽤 있었다. 심지어 이런 사람들의 고민을 모아서 세상에 나온 기획까지 있었으니, 이름부터 재미있는 '니콘내콘'이다. 니콘내콘은 니가 가진 기프티콘은 이제 곧 내 기프티콘이라고 말하며, 기프티콘을 매입해서 다른 소비자에게 재판매하는 플랫폼이다.

이 플랫폼은 양측의 사용자 모두에게 이익을 제공한다. 판매자는 남아도는 기프티콘을 현금화할 수 있고,

인기 브랜드

스타벅스	스타벅스
[Gift] 무료 음료 쿠폰 (전 사이즈)	베스킨라빈스
25% 5,490원	투썸플레이스

CU · GS25 · 파리바게트

iHC · 교촌치킨 · 이디야

맘스터치 · BBQ · 롯데리아

버거킹 · 맥도날드 · CGV

해피콘 · 세븐일레븐 · 백다방

스타벅스
[Gift] 무료 음료 쿠폰 (전 사이즈)
25% 5,490원

교촌치킨
교촌콤보+웨지감자+콜라(1.25L)
22% 19,500원

스타벅스
카페 아메리카노 T
20% 3,600원

5만원권
8% 46,200원

시그니처 사인머스켓 우유생크림케이크
15% 23,000원

영화관람권 (주중/주말)
32% 10,200원

기프티콘 판매 앱 '니콘내콘'.

구매자는 15% 정도 저렴한 가격에 기프티콘을 구매할 수 있다. 예를 들어 내 최애인 굽네치킨 고추바사삭 기프티콘은 정가인 2만 원이 아니라 1만 7천 원에 구매할 수 있다. 스타벅스의 아이스 아메리카노 쿠폰도 3,600원(정가 4,500원)에 구매할 수 있다. 카드 포인트를 모으거나 마일리지 쌓는 것보다 훨씬 더 큰 이득이다.

구매보다 더 자주 이용하는 기능은 판매 기능이다. 방법도 간단하고 현금으로 통장에 입금되는 시간도 빠르다. 우선 기프티콘을 사이트에 올리고 2~3시간 정도 기다리면 업체로부터 판매가격이 제시된다. 대략 원가의 80% 내외에서 가격이 형성된다. 제시된 가격에 판매를 수락하고 출금 신청을 하면 하루 정도 후에 통장으로 입금이 된다.

물론 선물한 사람의 마음을 생각한다면, 기쁜 마음으로 기프티콘을 사용하고 사용할 때 다시 한번 감사 인사를 전하는 것이 예의라고 생각한다. 하지만 넘치는 기프티콘 홍수 속에, 처치 곤란한 기프티콘을 매입해주고 꼭 필요한 사람들에게 전해주는 이 서비스는 충분히 가치 있는 기획이라고 생각한다. 또한, 매년 소비되지 않고 사라지는 기프티콘 금액이 수백억 원에 이른다고 하니, 니콘내콘의 성장 가능성은 앞으로도 충분해 보인다.

'니콘내콘'에서는 내가 가진 기
프티콘을 적정한 가격에 판매
할 수 있다.

기술의 발달은 필연적으로 변화를 수반한다. 그리고 그 변화는 사람들에게 편리함과 이로움을 주는 방향으로 전개된다. 한마디로 기술의 발달 덕분에 사람들은 좀 더 살기 편해진다. 이게 세상 돌아가는 이치이자 진리다. 그리고 그 반대편에는 또 하나의 진리가 존재한다.

변화가 지나가는 자리에는 반드시 빈틈이 생긴다는 사실이다. 변화가 흘리고 간 문제들을 잘 관찰하다 보면 그 안에 있는 또 다른 기회를 잡을 수 있다. 스마트폰 보급 활성화라는 변화의 소용돌이에서 액정 파손이라는 빈틈이 생겼고, 그 빈틈을 파고들어 케이스나 액정보호필름 시장도 함께 성장했다. 또한 수리 비용을 부담스러워하는 고객들을 위해 만든 월 5,000원 정도 지불하는 스마트폰 보험은 선택이 아닌 필수가 되고 있다.

앞으로도 기술은 점진적으로, 때론 급속하게 발달하면서 수많은 변화를 만들어낼 것이다. 그리고 그 변화가 지나간 자리에 수많은 빈틈이 생겨날 것이다. 그 빈틈을 파고드는 시선, 그 시선이 머무르는 곳에 또 하나의 사업 기회가 싹트고, 거기서 또 다른 변화가 피어날 것이다. 변화는 그렇게 끊임없이 꼬리에 꼬리를 물고 이어질 것이다.

다윗과 골리앗의 싸움,
승자는 누구였을까?

'달러 셰이브 클럽'

얼마 전, 남성 면도기 시장에서 펼쳐진 두 기업 간의 전쟁이 화제가 된 적이 있다. 두 주인공은 남성 면도기 업계의 골리앗 '질레트'와 다윗 '달러 셰이브 클럽'이다.

100년 넘게 면도기 하나만 고집해온 질레트의 기술력은 나날이 고도화되었다. 2중날을 시작으로 최근에는 7중날까지 그 기술력을 끌어올렸다. 그런데 바로 그 기술 중심의 사고가 그들의 발목을 잡았다. 고객은 더 이상 N중날 면도기를 원하지 않았던 것이다. 고객의 머릿속에는 이런 생각이 스멀스멀 자리하기 시작했다.

'왜 우리가 비싼 돈을 들여 그렇게 고급 면도날을 사고 면도를 해야 해?'

이때, 이 지점을 날카롭게 파고든 기업이 '달러 셰이브 클럽'이었다. 그들은 정확하게 질레트의 대척점에

섰다. 회사 중심, 기술 중심이 아니라 철저하게 고객 중심으로 사고하며 고객과 시장을 관찰했다.

"6중날이랑 7중날이랑 뭔 차이가 있어?"

"왜 귀찮게 매번 면도할 때마다 마트에서 면도날을 구매해야 해?"

고객을 관찰하고 분석한 끝에 그들이 던진 질문이었다. 이 질문을 토대로 그들은 '고객의 시간과 돈을 깎자 Shave Time, Shave Money'라는 재미있는 슬로건을 내걸고, 면도날을 정기적으로 배송해주는 '달러 셰이브 클럽'을 런칭했다. 서비스 내용은 면도기와 면도날을 저렴한 가격으로 정기 배송하는 것이었다.

이런 서비스를 통해 달러 셰이브 클럽은 온라인 시장에서 50% 이상의 점유율을 보이며, 20%에 그친 질레트를 압도하기 시작했다. 이후 꾸준한 성장세를 이어간 달러 셰이브 클럽은 2016년 세계적인 생활기업 유니레버에 인수되었다. 자그마치 10억 달러에 말이다.

사실, 달러 셰이브 클럽의 사업 모델만 놓고 보면 특별함은 없는 듯하다. 이미 시장에서 유행하고 있는 구독 모델Subscription Commerce을 면도기에 적용한 것뿐이다. 하지만 그들의 특별함이 빛나는 대목은 따로 있다. 바로 기술 중심이 아닌 고객 중심의 사고에서 기획을 시작했다는

면도용품 정기 배송 서비스
'달러 셰이브 클럽'.

점이다. 한마디로, 회사를 중심에 놓고 기획을 시작하는 워킹 포워드Working Forwards 방식이 아니라, 고객의 입장에서 기획을 시작하는 워킹 백워드Working backwards 방식을 적용했다는 점이다.

두 가지 기획 방식은 정확히 반대 선상에 놓여 있다. 워킹 포워드는 '우리한테 이런 기술과 아이디어가 있으니까 이렇게 만들어서 팔면 되겠네'라고 기획하는 방식으로, 회사에서 시작해 그 끝을 고객으로 한다. 반대로 워킹 백워드는 그 순서를 정확하게 뒤집는다. '고객은 어떤 경험을 하고 있고 무슨 문제가 있을까?'를 먼저 고민하고 제품과 서비스를 기획한다. 철저하게 고객 중심으로 생각하고, 고객에서 출발해 고객에서 끝을 맺는 방식이다.

구약성서에 나오는 다윗과 골리앗의 싸움을 보면, 체격도 왜소하고 무기도 변변치 못했던 다윗이 거대 용사 골리앗을 쓰러트린 무기는 날카로운 돌멩이였다. 다윗이 골리앗과 싸우는 데 필요했던 것은 거대한 무기도, 자원도, 10만 양병도 아니었다. 단지 돌멩이 하나였다. 그리고 나는 이 다윗의 무기가 현대 비즈니스 세계에서 화려하게 부활한 것이 바로 '워킹 백워드 프로세스' 방식이 아닐까 생각한다.

'고객은 답을 가지고 있다. 다만 스스로 그 답을 모를 뿐

이다.'

　　　워킹 백워드 방식은 단순히 고객 중심 사고와는 다르다. 이 방식의 핵심은 고객에게 묻지 않는 것이다. 대신 그들의 경험을 면밀하게 관찰하고 다양하게 분석해서 스스로 답을 낸다는 것에 있다. 쉽고 빠르게 '뭘 원하세요?'라고 묻는 대신 엄청난 노력과 시간을 투자해야 가능한 일이라고 생각한다. 어려운 만큼 가치 있는 일이기에, 워킹 백워드 방식으로 고객의 눈높이에 시선을 맞추는 노력을 이어갈 때, 큰 싸움판에서 다시 한번 '다윗'이 '골리앗'을 쓰러트리는 이변이 연출될 것이다.

"고객이 원하는 것은
지름 0.6cm의 드릴이 아니라,
지름 0.6cm의 구멍이다."

– 하버드 경영대학원 교수 시어도어 레빗Theodore Levitt

명 언
레시피

회사를 망치는 지름길은
현재 회사가 가지고 있는 기술과
과거의 성공에 안주하는 것이다.
고객은 우리 회사의 제품을 좋아해서 사는 것이 아니다.
다만, 필요해서 사는 것이다.
고객이 원하는 것은 무엇인지,
고객의 문제는 무엇인지에서 기획을 시작해야 하는
가장 확실한 이유다.

모두가 예스라고 할 때,
단호하게 놉!

(**'펫버튼'**)

지인들과 대화를 나누던 중, 단어 하나 잘못 꺼내서 호되게 욕을 먹은 적이 있다. 넷이 모인 자리에서 세 명이 강아지를 키우고 있다는 말에 무심코 한 마디를 던졌다.

"진짜 요즘 애완견 없는 집이 없구나."

갑자기 눈에 살기가 도는 지인들. 무심코 던진 한 마디가 화살이 되어 돌아왔다. 무식하기 짝이 없다는 듯한 표정으로 나를 쏘아보더니, 어디 가서 '애완견'이라는 말은 쓰지도 말라고 충고한다.

나 역시 불과 10년 전에 포메라니안 품종 강아지를 키우던 견주였고 어딜 가도 애완견, 애완견 하던 시절이 있었는데, 강아지의 위상이 달라지면서 이제 애완견이라는 단어에 무식함이라는 꼬리표가 붙는 세상이 되었다.

지금은 그야말로 반려견 전성시대다. 2023년 현재

국내 반려견 인구가 이미 1,500만을 넘어섰다는 통계를 접하지 않아도, 한 집 걸러 한 집에 반려견을 키우고 있다는 사실은 이제 당연한 일이 되었다. 옆집에도 '환타'라는 푸들이 살고 있고, 가장 친한 친구 집에도 '뭉치'라는 비숑이 살고 있다. 커피숍에서 일을 하다가 옆 테이블에서 "우주 엄마가 어쩌고저쩌고~"라고 하는 이야기를 듣다 보면, 그 끝에 우주가 사람이 아닌 반려동물이었음을 알게 되어도 그러려니 넘어가는 세상이 되었다.

반려견 관련 시장도 급증하고 있다. 식품업계나 제약업계에서도 사람을 위한 음식이나 영양제뿐만 아니라, 반려동물용 다이어트 사료, 비건 사료, 단백질 영양제, 관절 영양제 등을 출시한다. 동물병원은 사람들이 가는 내과나 소아과 이상으로 많이 생기고 있으며, 반려견 미용실을 넘어서 반려견 목욕탕도 심심치 않게 등장하고 있다. 태어난 지 1년이 되면 돌사진을 찍는 것은 당연한 일이며, 반려견 유치원에 반려견 장례 서비스까지, 펫휴머니제이션(반려동물의 인간화) 현상이 가속화되고 있다.

하지만 그 이면에는 반려견으로 인한 사고와 갈등 또한 증가하고 있다. 개가 사람을 물거나 심하게 짖어서 개를 무서워하거나 혐오하는 도그포비아 현상이 대표적이다. 개털 알레르기 현상으로 공공장소에서 개가 함께하는 것을 꺼리는 사람들도 있다. 어린아이를 키우는 부모가 혹시나 지나가던 개가 아이에게 달려들거나 물지는 않을까 하고 마음을 졸이는 일은 인지상정이 아닐까 싶기도 하다.

이처럼 반려견 인구 확산의 이면에는 이로 인한 사회적 갈등 또한 도사리고 있다. 이러한 갈등을 해소하려면 반려견을 키우는 이들이 기본적인 에티켓을 지키고, 반대편에 있는 이들을 배려해야 한다. 물론 비반려견 인구도 반려견을 단순히 동물이 아닌 사람과 함께하는 존재로 인식하고 존중하는 노력을 해야 한다.

서로 이해하고 배려하는 노력이 우선이지만, 때론 마음만으로 해결하지 못하는 문제도 있기 마련이다. 법이나 제도적인 측면에서도 보완이 필요하다. 나아가 법이나 제도 사각지대에 놓인 문제를 해결하기 위한 다양한 방법들이 마련되어야 개와 사람 모두가 행복한 세상이 가능해진다.

이런 측면에서 최근에 접한 '펫버튼'은 법과 제도로 해결할 수 없는 사회적인 갈등을 효과적으로 해결하는 좋은 기획이라는 생각이 들었다.

펫버튼은 엘리베이터 안쪽에 층수와 닫힘 · 열림 버튼 이외에 추가로 설치된, 강아지 모양이 그려진 버튼이다.

엘리베이터 안에서 펫버튼을
누르면 바깥 화면에 'PET'라고
표시되어, 반려동물이 탔음을
알 수 있다.

견주가 반려견과 함께 엘리베이터에 탑승했을 때 이 버튼을 누르면, 엘리베이터 바깥쪽 화면에 'PET' 표시가 뜨면서 엘리베이터에 개가 함께 타고 있음을 알려준다.

이 장치를 통해 개를 무서워하거나 알레르기가 있는 사람은 그 엘리베이터를 과감히 패스하고 다음 엘리베이터를 타면 된다. 견주는 혹시나 개를 싫어하는 사람이 타지는 않을까 하는 불안감에서 조금이나마 자유로울 수 있다. 양측의 두려움을 해소하고 입장 차이를 좁힐 수 있는 좋은 기획이라고 생각한다. 이 기획이 시발점이 되어 반려견으로 인한 갈등을 해결할 수 있는 다양한 기획이 넘쳐나는 세상이 되었으면 한다.

반려견과 함께하는 일상은 1인 가구, 저출산 트렌드를 타고 메가 트렌드가 되었다. 반려견 인구는 앞으로도 계속 증가할 전망이다. 하지만 그 반대편에 서 있는 사람들도 엄연히 존재한다. 대다수가 좋아한다고 해도 분명 그렇지 않은 소수가 있기 마련이고, 분명 그곳에도 기획의 기회가 숨어 있다.

때론 대세에 편승하는 기획, 트렌드에 부합하는 기획, 따라 하기 기획에서 벗어나 그 반대편에서 생각하고 기획해보는 것은 어떨까? 기획을 지시하는 쪽에서도 "요즘 다들 ○○ 한다더라, 우리도 해보자"가 아니라, "요즘 다들 ○○ 한다고 하니, 우리는 그 반대편 입장에 서서 할 수 있는 기획을 해보자"라고 생각을 바꿔보면 어떨까? 대세가 아니기에 상대적으로 시장은 작을 수 있지만, 그들의 목소리에 귀 기울이고 그들의 눈높이에서 세상을 바라볼 때, 그곳에도 분명 좋은 기획의 기회가 있을 것이다.

모두가 '예스'라고 할 때 때로는 '놉!'이라고 하는 용기와 남다른 시선은 또 다른 기회를 가져다줄 것이다.

기획에 재미를 입히다

세상에 재미난 기획

골프장에서는 양파즙 대신
이거 챙기는 센스 어때?

'정관장 홍삼스틱'

이제 내 나이 40대 중반. 곧 50을 바라보는 나이. 삶이나 생각에 많은 변화가 있었지만, 지난 몇 년 사이 가장 큰 변화가 하나 있다면 15년간 잡았던 야구 방망이 대신 골프채를 잡았다는 사실이다.

그렇게 몇 년간 골프를 치니 실력이 늘면서 타수는 줄어가고 있지만, 그에 못지않게 골프를 통해 인생을 배우기도 한다. 생각대로 되지 않는 골프를 치며 성질이 올라오는 순간 화를 다스리는 법도 배우고, 연습장에서 구슬땀을 흘려야만 필드에서 좋은 성적이 나온다는 노력의 가치도 깨닫게 된다.

특히 골프를 치면서 가장 크게 배우는 것은 골프는 스포츠 이전에 매너라는 사실이다. 골프장에서 같이 골프를 쳐보면 그 사람의 인성을 알 수 있다는 말처럼, 4시간

동안 그 사람이 보여주는 말과 행동을 보고 됨됨이를 판단하기도 한다. 공을 칠 때마다 욕을 입에 달고, 마음대로 공을 옮기고, 스코어를 속이며 기분 상하게 만드는 사람이 있는가 하면, 가끔 생각지도 못한 매너와 센스로 남을 기분 좋게 하는 사람도 있다.

그중 가장 센스 있다고 생각한 어느 선배가 골프장에 들고 온 아이템을 보면서 나는 또 한 번 기획의 향기를 느낄 수 있었다. 이름하여 '정관장 홍삼스틱', 골프 순서 정하기 막대였다.

골프는 네 명이 한 팀이 되어 플레이하는 운동으로, 총 18홀을 돌면서 라운딩을 한다. 시작 전에 누가 먼저 칠지 순서를 정하게 되는데, 보통 골프장에 비치된 쇠막대기를 이용한다. 전문 용어로 오너봉 또는 오너 막대(오너를 뽑는 도구)라고 한다.

어느 골프장이나 첫 홀에 가면 있는 오너봉은 농구장에 농구 골대가 있고 축구장에 중앙선이 있는 것만큼 당연한 것이다. 사실 저 막대기의 존재에 크게 관심 가져본 적이 없다. 그저 무의식적으로 뽑았고, 순서를 정하는 도구 이상도 이하도 아니었다. 그런데 어느 날 그 센스 있는 선배가 꺼낸 정관장 홍삼스틱 덕분에 우리는 굳이 오너봉에 손을 댈 필요가 없었다.

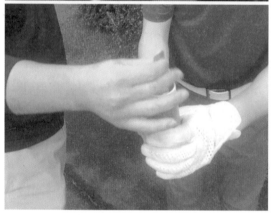

골프장에서 오너봉의 역할을
할 수 있는 '정관장 홍삼스틱'.

'과연 어떤 사람이 이런 생각을 했을까? 무심코 지나칠 수 있는 오너봉에서 기획의 기회를 발견하다니.'

아무도 의미 있게 보지 않았던 저 쇠막대기에서, KGC 인삼공사의 누군가는 날카로운 시선으로 기회를 포착하고 마케팅 수단으로 활용했다. 차갑기만 한 쇠막대기 대신 온정과 건강까지 깃든 홍삼스틱을 세상에 내놓은 것이다.

물론 이 홍삼스틱이 대단한 히트 상품은 아니다. 이거 하나 짜 먹는다고 실제 드라이버 비거리가 확 늘어나는 것도 아니다. 하지만 골프장의 소소한 물건에서 기획의 기회를 발견하고 자사의 상품과 연결한 시도는 가히 탁월한 기획이라고 할 만하다.

그렇게 또 얼마의 시간이 흘러 몇몇 지인과 무더운 여름날 골프를 치러 갔다. 시작 전에 한 명이 "여름 무더위에 건강하게 라운딩하세요" 하며 양파즙을 꺼내 건넨다. 골프를 조금이라도 치는 사람이면 아마 이쯤에서 감이 올 것이다. 얼마나 센스 없는 행동인지 말이다.

골프에서 양파Double Par는 홀을 다 끝내지 못한 채 아웃하는 것을 말한다. 최악의 플레이라고 할 수 있다. 영어로는 '더블파', 한국어로는 '양파'다. 골퍼들이 제일 싫어하는 말이기도 하다. 야구로 따지면 병살타, 축구로 치면 자살골에 가까운 행위다. 물론 같이 골프 치는 사람들의 건강을 생각해서 그런 깜찍한(?) 음료를 준비한 지인의 마음이야 기특하다고 할 수 있다. 하지만 양파즙을 먹고 양파라도 남발하는 날에는 그 책임은 누가 진단 말인가? 다행히 같이 간 사람 모두가 친한 선후배 사이였기에 한바탕 웃고 넘어가는 에피소드로 끝났지만, 양파즙을 준비한 지인의 센스는 홍삼스틱을 준비한 사람과는 하늘과 땅만큼이나 차이가 나 보였다.

최근 치솟는 골프 인기만큼 골프 업계의 경쟁도 한층 치열해지고 있다. 더 고급스럽고 쾌적한 골프장, 비거리를 대폭 늘려주는 골프채, 오색찬란한 골프공에 이르기까지 수많은 광고가 쏟아진다. 하지만 생각만큼의 광고 효과를 보기는 어렵다. 이미 치열한 레드 오션이기 때문이다.

왜 남들 다 피 터지게 싸우는 곳에서 경쟁하려고 하는 것일까? 관점을 달리해서 배틀필드를 옮겨보면 어떨까? 아무도 눈여겨보지 않는 오너봉에서 기획의 아이디어를 떠올린 것처럼 말이다.

- 티박스는 왜 어느 골프장이든 다 똑같을까?
- 전동 카트는 왜 멋대가리 없이 하얗기만 할까?

- 카트 좌석은 왜 또 그렇게 좁고 불편한 거지?
- OB 말뚝, 해저드 티는 왜 무의미한 하얀색, 빨간색일까?
- 해저드는 왜 물로만 가득 채워져 있을까?
- 벙커는 꼭 하얀색 모래여야 하는 건가?

기타 말도 안 되는 질문을 던지다 보면, 아직 발견되지 않은 기획의 기회가 생기지 않을까? 물론 골프공을 치는 순간만큼은 끝까지 공을 봐야겠지만, 대기하는 시간, 이동하는 시간에는 아직 기획의 영향이 미치지 않은 곳에 시선을 던져보면 어떨까? 그 시선이 머무는 곳에 또 하나의 기회가 자리하고 있을지도 모르니 말이다.

"닳고 닳은 길에도
언제나 뒤집어보지 않은 돌들이 있다.
그 돌들을 주목하고
뒤집어보는 수고를 한 사람에게
새로운 길이 열린다."

– 노벨물리학상 수상자 찰스 타운스^{Charles Townes}

세상에 당연한 것은 없다.
다만 당연하게 보는 시선만 있을 뿐이다.
그 당연함을 낯설게 보는 시선,
당연함 사이를 꿰뚫는 시선이 닿는 지점에
생각지도 못한 기회가 숨어 있다.

부산 소주 전쟁에서 탄생한 빛나는 기획

'그리움이 차오를 땐 그리워예'

유난히 제주도 강의가 많았던 2019년. 스케줄상 하루 여유가 생겼다. '오랜만에 제주를 좀 둘러볼까?'라는 짧은 생각은 사치였다. 손은 눈보다 빠르게 맛집을 검색하고 있었고, 곧장 흑돼지 삼겹살집으로 발길을 재촉했다.

맛깔나는 밑반찬으로 허기를 달래는 사이, 지글지글 흑돼지가 익어간다. 흑돼지는 멜젓(멸치젓)에 찍어 먹어야 제맛이다. 입안 가득 흑돼지와 멜젓의 컬래버가 빚어낸 맛의 향연 속에서 왠지 모를 행복감이 밀려온다. 하지만 뭔가 허전하다. 한 가지가 빠져 있다. 그 녀석이 보이질 않는다. 그 녀석 없이는 완벽한 조합이 완성될 수 없다. 주저 없이 소주를 주문한다.

"여기요! 한라산 한 병 주세요."

평소에 즐겨 마시던 '진로이즈백'이 아닌 지역 소주

'한라산'을 시킨다. 특별한 이유가 있는 것은 아니지만, 그 지역에 가면 그 지역 소주를 마셔야 한다는 생각이 공식처럼 자리하기 때문이다. 광주에 가면 '잎새주', 대전에 가면 '이제 우린'을 시켜야 할 일을 다 한 듯한 만족감이 든다.

하지만 유독 한 곳, 부산에 가면 고민이 시작된다. '좋은데이'냐 '대선'이냐, 라는 선택의 문제가 끼어들기 때문이다. 부산·경남 지방은 다른 지역과 다르게 무학과 대선이라는 두 소주회사 간의 피 튀기는 전쟁이 끊이지 않는 곳이다. 마치 가전의 삼성과 엘지, 유통의 신세계와 롯데처럼 오랜 기간 치열하게 경쟁을 펼치고 있다. 그 유구한 역사만큼 내로라하는 제품도 많고, 관련된 에피소드도 많다. 그리고 그 치열한 소주 전쟁의 틈바구니에서 빛나는 기획 하나가 탄생했다.

먼저 시간을 2006년으로 돌려본다. 선공을 펼친 회사는 무학이었다. 무학은 그동안의 관행을 깨고 도수는 가볍게, 이름은 친근하게 한 '좋은데이'를 출시한다. 경상도 사투리 '~한데이'와 영어 'Good Day'를 활용해 중의적으로 나타낸 상품명이다. 이 소주는 곧 무학의 대표 상품이 되었고, 급기야 전국구 소주로 위상을 떨친다. 경쟁업체인 대선의 입지가 상대적으로 좁아진다.

[현재 스코어] 무학 1:0 대선

대선의 반격이 필요한 시점이다. 무학의 성공을 지켜보고만 있을 수 없었던 대선은 '좋은데이'의 대항마를 기획해서 출시한다. 하지만 너무 급했던 것일까? 이름도 비슷하고 기획 의도까지 유사한 미투 상품을 내놓고 말았다. 이름도 다소 생뚱맞은 '즐거워예'라는 소주였다. 아니나 다를까 시장의 반응은 차가웠고, 시장에서 금세 자취를 감추게 된다. 대선이 자살골로 패배를 재촉했다.

[현재 스코어] 무학 2:0 대선

하지만 이때 대선의 어느 기획자 머릿속에 날 선 기획이 떠오른다. 단언컨대 내가 지금까지 만나본 소주 중에 가장 탁월한 기획이라고 할 만하다. 이 소주를 보면서 이게 진짜 기획이라는 생각이 들었다. 진정한 기획의 힘이 느껴졌다.

사람들은 보통 기쁜 날, 축하의 날, 회식 자리, 친구들과 즐기기 위해 소주를 마신다. 하지만 소주가 낄 자리가 어디 그뿐인가? 슬픈 날, 사무치게 외로운 날, 위로받고 싶은 날에도 소주를 마신다. 그중 사람이 가장 슬프고 위로가 필요한 날이 언제일까? 아마 누군가의 죽음을 애도하기 위해 모인 자리가 아닐까 싶다. 망자를 애도하고, 상주를 위로하기 위해 소주잔을 채우고 조용히 술잔을 비워낸다.

　그런데 여기서 한 가지 고민해볼 문제가 있다. 상 갓집 술상에 올라온 소주 이름이 하나같이 '좋은데이', '처음처럼', '참이슬' 등이었다. 어쩌면 그저 술상 위에 놓인 소주병일 뿐일 수 있다. 이런 소주를 보고 마시는 그 누구도 이상하다고 생각하지 않았다. 하지만 대선주조 어느 기획자의 시선은 조금 달랐다.

　'슬픈 날 마시는 술 이름이 조금 이상하네…… 장례식장에 걸맞은 소주는 없는 걸까?'

　상갓집 술상에 올라온 술병을 보면서 문제의식을 품고 기획을 떠올린 것이다. 고민 끝에, 대한민국 최초 장례식장 전용 소주 '그리워예'가 세상에 나왔다. 광고 카피도 기가 막히게 썼다. 장례식장에서 이 소주를 찾지 않을 이유가 없어 보인다.

　영원한 이별은
　즐거운 날도 좋은 날도 아닙니다.
　그리움만 남을 뿐입니다.
　그리움이 차오를 땐,
　그리워예

이렇게 출시된 '그리워예'는 초기 판매량이 많지 않았다고 한다. 하지만 점차 그 가치를 인정받아 장례식장을 점령해갔고, 출시 다음 해에는 100만 병 이상의 판매고를 올렸다. 나아가 제사상 전용 소주인 제주祭酒로 포지셔닝되며 판매량이 늘어났다. 사람들이 명절 때나 제사 때 값비싼 청주 대신 '그리워예'를 찾기 시작한 것이다.

물론 전체 소주 시장을 감안하면 장례식장에서 차지하는 매출 비중은 미미할 수도 있다. 하지만 '그리워예'는 그 안에 담긴 좋은 기획 의도를 통해 마트나 술집이 아닌 새로운 시장을 창출해냈고, 업계 최초라는 자부심까지 덤으로 획득했다. 게다가 '서민의 애환을 달래는 술=가장 슬픈 순간=그리워예'라는 공식을 완성시키며 서민의 삶 속으로 녹아 들어갔다. 그 어떤 가치 이상의 가치가 느껴지는 술이다.

좋은 기획은 '왜'라고 묻는 데서 시작한다. 당연해 보이는 사실, 뻔한 현상 속에서 '왜 그래야만 하지? 다른 방법은 없을까?'라고 묻는 데서 문제의식이 싹트고, 그 지점에서 기획이 시작된다. 누구나 장례식장에서 술을 마시지만, 아무도 '왜'라고 묻지 않았지만, 대선의 기획자는 '왜'라는 질문을 던졌기에, 무릎을 '탁' 치는 깨달음과 함께 '와'라는 기획의 문이 열린 것이다. 아무나 할 수 있지만 아무도 하지 않았기에 더 빛나는 기획이라고 할 수 있다.

게다가 좋은 기획이 미치는 영향력은 점차 확대되어간
다. 얼마 후 대선의 경쟁사인 무학에서도 '우리가 함께했
던 좋은데이'라는 장례식장 전용 소주를 출시한다. 경쟁
사의 기획을 인정하고 그 기획에 동참한 것으로 봐서, '그
리워예'가 좋은 기획이라는 평가는 나 혼자만의 생각이 아
닌 듯싶다.

[현재 스코어] 무학 2:3 대선

앞으로도 부산 지역에서는 총성 없는 소주 전쟁이
계속될 것이다. 그 치열한 경쟁 속에서 트렌드에 부합하
거나 더 잘 팔리는 주류를 만드는 기획이 주류를 이룰 것
이다. 하지만 그에 못지않게 남들이 보지 못하는 곳에서
문제를 발견하고 기획해서 만든 술이 결국 부산 지역 소
주 전쟁에 종지부를 찍지 않을까 싶다. 다음 부산 출장에
서 또 한 번 탁월한 기획이 담긴 술을 만나길 기대해본다.

대한민국 아빠들이 썩은 바나나를
먹게 둘 수는 없다

'하루 하나 바나나'

'하루 하나 바나나. 한국의 천재 기획자가 바나나의 고질적인 문제를 해결했다.'

4~5년 전쯤 미국 〈타임〉지에 소개된 기사 내용이다. 처음 이 기사를 접하고, 대단하다는 생각과 함께 '왜 나는 이런 생각을 하지 못했을까' 하는 부러움도 밀려왔다.

이 기획은 바나나를 한 송이 사면 얼마 지나지 않아 검은색으로 변해서 못 먹게 되는 문제를 해결하기 위해 세상에 나왔다. 왼쪽에는 잘 익은 바나나, 오른쪽으로 갈수록 후숙이 필요한 바나나로 상품을 구성한 것이다. 월요일부터 하나씩 먹으면 마지막 토요일까지 신선하고 잘 익은 바나나를 먹을 수 있게 만든 상품이다.

기가 막힌 기획이 아닐 수 없다. 별다른 기술을 적용하지 않고 포장 방식만 달리해서 '너는 내게 바나나' 이

매일 잘 익은 바나나를 먹을 수
있는 '하루 하나 바나나'.

상으로 임팩트 있는 네이밍을 했다. 이런 기획의 힘이 결국 콧대 높기로 유명한 〈타임〉지의 극찬을 이끌어냈다.

겉으로 드러난 내용만 봐도 좋은 기획이지만, 그 이면을 뜯어보면 기획의 우수성이 배가된다. 개인적인 생각으로 하루 하나 바나나 기획의 포인트를 세 가지로 정리해본다.

첫째, 일상의 문제의식에서 시작된 기획이다. 하루하나 바나나를 기획한 이진표 과장님은 평소 기획력이 뛰어난 인재로 평가받고 있다. 재미있는 것은 이분이 기획을 시작하는 방식이다. 이분은 책상에서 검색을 하거나 자료를 분석하지 않는다. 대신 일상에서 사람들을 관찰하면서 문제를 발견하는 방식으로 기획을 시작한다.

하루 하나 바나나 기획도 주말에 SNS를 하다가, 한 남편이 '왜 아이에게는 노란색 바나나를 주고, 나에게는 검은색 바나나를 줄까'라고 쓴 글을 보고 시작했다고 한다. 그저 웃어넘길 수도 있는 상황이지만, 이진표 과장님은 이것을 놓치지 않고 기획으로 연결했다.

둘째, 하늘 아래 새로운 것 없다. 사실 이 기획이 완전히 새로운 기획은 아니다. 이미 수십 년 전부터 영국의 '웨이트로즈Waitrose' 슈퍼마켓에는 같은 방식의 아보카도 묶음상품이 있었다. 혹시 바나나 문제를 고민하던 기획자의 뇌리에도 이 상품을 관찰한 경험이 남아 있었기에, 하루 하나 바나나 기획까지 이어진 것은 아닐까?

TBWA의 크리에이티브 대표 박웅현 씨는 이런 말을 한 적이 있다.

"창의력은 일상에 대한 끊임없는 관심과 시선에서 나온다."

관찰과 경험을 통한 모방과 적용의 중요성을 강조하는 말이다. 하늘 아래 새로운 것은 없다. 기획자의 눈으로 관찰하고, 거기서 기획에 대한 아이디어를 찾는 습관을 기른다면 창의적인 기획에 한발 더 다가갈 수 있다. 이걸 완벽하게 증명해낸 기획이 하루 하나 바나나라고 생각한다.

셋째, 모두를 만족시키는 기획은 없다. 하루 하나 바나나 가격은 상대적으로 비싸다. 비싼 가격 앞에 구매를 망설이고 포기하며 돌아서는 고객도 있었을 것이다.

"전 그냥 송이째 사 먹을래요. 가성비가 최고죠."

"귀찮더라도 매일 바나나 1개씩 사 먹을래요."

기획자라면 이런 고객들의 반응을 보고 기획의 방향을 틀거나 수정할 수도 있다. 하지만 이진표 과장님은 이런 수요까지 잡으려고 욕심내지 않았다. 다만 자신의 기획을 묵묵히 밀고 나가며, '송이째 바나나를 사지만 거무튀튀하고 물러진 바나나를 먹기 싫어하는 구매자'에 집중했다. 이와 관련해서 기획 분야에서 불문율처럼 여겨지는 말이 있다.

'바다를 끓이려고 하지 마라.'

바다를 끓이는 것은 불가능한 일이다. 범주가 너무 넓기 때문이다. 한마디로 모두를 만족시키려는 생각은 과욕이요 금물이라는 뜻이다. 타깃을 좁혀야 기획의 방향이 명확해지고 기획에 날이 선다. 처음부터 모두를 만족시키고자 하는 기획은 대놓고 실패하겠다고 선언하는 것과 다를 바 없다.

일상의 소소한 경험에서 시작된 기획. 모방은 창조의 어머니라는 명제를 증명한 기획. 바다를 끓이려는 욕심을 버린 기획. 이 세 가지 사실만으로 '하루 하나 바나나'는 기획의 정수를 제대로 보여준 탁월한 기획이라고 생각한다.

"나도 누군가에게는
개새끼일 수 있다."

– 드라마 〈검색어를 입력하세요 WWW〉 중에서

명언
레시피

모두를 만족시키는 기획은 세상에 없다.
아이폰도 누군가에게는 쓰레기일 수 있다.
타깃을 좁힐수록 문제가 선명해지고,
문제가 선명해야 기획에 날이 선다.
기획을 시작하기 전, 타깃을 좁히고 또 좁혀라.
20대 여성이 아닌, 20대 초반 직장인 원룸 주거 여성으로
타깃을 좁혀야 좋은 기획이 시작된다.

먹지 마세요,
그곳에 양보하세요

('시크릿 콘돔')

부산은 강의 요청이 많아 꽤 자주 방문하는 곳이다. 가히 제2의 고향이라 할 만하다. 물론 오가는 길이 멀고 험하지만, 정 많고 리액션 좋은 부산 교육생들 덕분에 기분이 좋아진다. 부산 출장을 가면 숙소는 주로 부산역 인근에 잡는다. 기차역과 가깝고, 부산 이곳저곳으로 이동하기도 편하다. 인근에 시장도 있고, 포장마차까지 즐비한 거리에 재미 요소까지 더해진다. 게다가 호텔이며 모텔이 많아 숙소 선택의 폭도 넓다.

그러던 어느 날, 강의를 마치고 부산역 편의점 앞에서 조촐하게 맥주 한잔 하고 있는데, 그날따라 유난히 콘돔을 구매하는 남성들이 많았다. 각자 취향에 따라 이런저런 콘돔을 집어 들고 왠지 모르게 설레는(?) 표정으로 계산대로 향한다. 그런데 그들 중에 콘돔 하나만을 들고 계산대로 가는 사람은 없었다. 컵라면, 생수, 껌, 담배 등의 물건과 함께 계산대에 올려놓는다. 왜 그럴까? 대놓고 직접 물어볼 수는 없었지만, 오래전 경험(?)에 비춰봤을 때 '알바생이 나를 이상한 놈으로 생각하지는 않을까' 하는 괜한 부끄러움 때문이지 않을까 싶다. 그래서 굳이 안 사도 되는 다른 물건으로 그 부끄러움을 감추려고 했던 게 아닐까.

설렘 뒷면에 서린 부끄러움, 이것을 문제의식으로 삼아 시작된 재미난 기획이 바로 '먹지 마세요, 그곳에 양보하세요' 시크릿 콘돔 기획이다. 일반 콘돔 포장지가 아니라 흔히 볼 수 있는 소스 포장지에 콘돔을 넣어서, 외관 상으로는 전혀 콘돔 같지 않은 콘돔을 기획한 것이다. 그 기발함에 탄성이 절로 나온다.

그 결과 남성들이 이전보다는 조금 더 콘돔의 구매나 휴대에 있어 자유로워졌다. 특히 청소년을 대상으로 한 설문조사 결과 콘돔에 대한 부끄러움과 거부감이 해소되었다는 답변이 74%를 차지했다고 한다. 물론 다른 사회적인 부작용이 있을 수 있겠지만, 문제의식이나 기획 의도만큼은 높이 평가할 수 있다.

사실 그동안 콘돔은 기능성 위주로 발전해왔다. 더 얇게 만들기 위한 노력 끝에 초박형이 나오고, 그것도 모

시크릿 콘돔. 흔히 보는 소스
포장지 속에 콘돔을 넣었다.

자라 돌기형이나 향을 첨가한 콘돔 등으로 진화했다. 제품 사용 경험에만 초점을 맞춘 기획이 주류였다. 하지만 시크릿 콘돔 기획자의 문제의식은 남달랐다. 사용 경험 순간이 아니라 사전·사후 단계까지 사고의 폭을 확장해, 사용 경험 이전 단계에서 문제를 발견한 데 그 특별함이 있다. 기획자의 날카로운 관찰력과 사고의 폭이 돋보이는 기획이다.

이렇게 사고의 폭을 확장해서 고객을 관찰하고 분석할 수 있는 도구로 '고객 여정 지도'라는 기법이 있다. 고객이 상품과 서비스를 경험하는 단계를 사전, 경험, 사후 단계로 나누고 이를 다시 세분화해 고객이 느끼는 감정과 불편을 파악하는 방법이다. 이렇게 세분화해서 고객을 관찰하고 분석해보면 새로운 문제를 도출할 수 있고, 새로운 기획이 시작될 수 있다.

비슷한 맥락에서 흉터 치료제 '더마틱스 울트라'라는 제품도 좋은 기획이라고 생각한다. 흔히 우리가 잘 알고 있는 빨간약, 후시딘, 마데카솔 등은 다친 곳에 바르는 상처 치료제다. '다쳤다'라는 사용자 경험에 초점이 맞춰져 있다. 반면 더마틱스 울트라는 상처 치료 이후에 흉터가 남는 문제를 해결하기 위해 세상에 등장했다. 고객 경험 이후의 문제에 초점을 맞춘 좋은 기획이다. 그러면서 당당히 이렇게 외친다.

'흉터가 있는 삶은 어떨까요? 상처 치료가 끝나면, 흉터 치료 시작.'

고객의 경험은 단편적인 순간에 한정되지 않는다. 그 경험이 시작되기 전부터 경험 이후까지 이어지는 연속된 흐름이다. '고객 여정 지도'와 같은 분석 방법을 활용해 사고의 폭을 넓힌다면, 그동안 생각지도 못했던 부분에서 문제를 발견하고, 제2의 시크릿 ○○, 제2의 ○○○○ 울트라도 세상에 내놓을 수 있지 않을까.

"아이디어는 당신의 모자 밑에 있다."

– 미국 백화점 창시자 존 워너메이커 John Wanamaker

명언
레시피

늘 보던 곳만 보면 새로운 생각도 떠오르지 않는다.
모자 밑에 가려져 보이지 않는 곳에 시선이 닿을 때
새로움이 보이고,
그곳에 기획의 기회가 있다.
고객 경험의 순간에 멈추었던 시야를 좀 더 확장해보자.

영화계의 명품배우 짐 캐리,
운송 서비스의 명품기획

(**'짐캐리'**)

오래전 정치인 김무성 의원의 캐리어 노룩 패스가 이슈가 된 적이 있었다. 해외 출장에서 귀국하는 길에 공항 게이트가 열리자마자 수행원 얼굴은 쳐다보지도 않은 채 캐리어를 수행원에게 패스하듯 밀어서 회자가 된 사건이었다. 귀찮다는 듯이 툭 밀어낸 캐리어가 수행원 쪽으로 자연스럽게 쪼르르 미끄러져가는 모습이 우습기도 하고, 한편으로는 권위적이라는 생각이 들었다. 아니나 다를까, 여론이 들끓으면서 예의가 없다, 꼰대다, 모욕적이다, 수행원을 사람 취급 안 한다 등의 비판적인 목소리가 쏟아졌다. 물론 이런 행동은 공인으로서 충분히 비판받아야 하지만, 한편으로는 이런 생각이 잠깐 스쳐갔다.

'참 세상 편하게 산다. 여행길에 캐리어가 얼마나 귀찮고 성가셨으면 도착하자마자 캐리어를 버리듯이 밀

수화물 보관 및 이동 서비스
'짐캐리'.

어 던질까? 저렇게 받아주는 사람 있으니 좋겠다.'

캐리어는 여행 갈 때 꼭 필요한 도구이지만 이동할 때는 참 거추장스럽고 불편하다. 특히 대중교통을 이용하는 여행 첫날이나 숙소에서 체크아웃한 이후 캐리어는 말 그대로 짐짝에 불과할 뿐이다. 내 캐리어를 숙소나 기차역, 공항까지 편하게 옮겨줄 사람 누구 없나 하는 생각이 든다. 이런 문제를 해결한 기획이 바로 부산 KTX 역사에서 만난 '짐캐리'였다.

짐캐리는 말 그대로 수화물 보관 및 이동 서비스로, 이동carry에 방점이 찍히는 서비스다. 예를 들어 친구들과 야심 차게 떠난 1박 2일 부산 여행. 시간은 짧고 갈 곳은 많은데 숙소부터 들러 체크인을 하고 이동하자니 동선이 꼬인다. 여행지로 바로 가자니 캐리어가 거슬린다. 드르륵드르륵 소리도 크고, 오르막길과 계단은 최악이며, 식당에 들어갈 때마다 사람들의 따가운 시선이 쏟아진다.

이때 짐캐리 서비스를 이용해보면 어떨까? 1만 원 정도의 서비스 비용만 지불하면 거추장스러운 캐리어를 숙소로 '쌩' 하고 보내주니, 가뿐한 몸으로 '슝' 하고 여행을 떠날 수 있다. 고객의 행동, 그들이 느끼는 소소한 불편을 제대로 캐치한 재미있는 기획이다.

게다가 센스 있는 작명, '짐캐리'라니. 직관적으로

서비스 아이덴티티가 한 방에 와닿는다. 나아가 우리가 잘 알고 있는 '이가탄'의 중독성 있는 CM송 '씹고, 뜯고, 맛보고, 즐기고'의 라임을 살린 콘셉트는 서비스의 특징을 명확하게 보여준다.

짐캐리는 더 이상 영화 속 주인공이 아니다. 여행객의 편의를 위한 짐캐리 서비스, 곧 영화배우 짐 캐리를 능가하는 유명세를 누리며 여행객의 편의와 오래오래 함께하기를 바란다. 더불어 대중교통 여행으로 인한 불편을 해소하는 기획이 더 많이 나오기를 기대해본다.

화장실에 가면 파리도 있고, 골대도 있고, 게임기도 있고

'화장실 기획'

먼저 퀴즈 하나를 내겠다. 다음의 문구들이 붙어 있는 공통된 장소를 맞히면 된다. 남자들은 쉽게 맞히지만, 여자들에게는 다소(?) 어려울 수 있는 문제다.

- 일반 버전
  "남자가 흘리지 말아야 할 것은 눈물만이 아닙니다."
- PC방 버전
  "유저가 흘리지 말아야 할 것은 아이템만이 아닙니다."
- 19금 버전
  "한 걸음만 가까이 다가와주시면 오늘 본 것은 평생 비밀로 해드리겠습니다."

정답은 남자 화장실 소변기 위쪽이다. 남자들이 소변기로 가까이 다가와 소변을 보도록 유도하는 문구다. 왜? 소변이 사방팔방으로 튀는 현상을 방지하기 위함이다. 소변이 튀어서 자기 바지에만 묻으면 상관이 없지만, 바닥에 튀는 소변 방울은 여간 골칫거리가 아니다. 외관상 지저분할 뿐 아니라 악취의 주범이 되기도 한다.

하지만 소변기 위 수많은 문구에도 불구하고 남자 화장실의 소변 튀는 문제는 해결되지 않았다. 문구의 내용이 사람의 생각을 바꿀 수는 있을지언정 실질적인 행동 변화로까지 연결되지는 않기 때문이다. 변화가 이루어지기 위해서는 행동이 바뀌어야 하는데, 생각을 바꾸는 것만으로 행동을 유발하기에는 한계가 있었다.

이때, 세상에서 가장 유명한 파리 한 마리가 등장하면서 이 문제를 현명하게 해결했다. 네덜란드 스히폴 공항에서 처음 발견된 파리로, 지금은 세계 곳곳으로 번식해서 위세를 떨치고 있다. 남자들이라면 한 번쯤 화장실 변기에서 만나봤거나 사살해본 경험이 있을 것이다. 여자들은 직접 본 경험은 없지만, 책이나 기타 사례를 통해 많이 접해본 파리다.

바로 '넛지nudge'를 대표하는 소변기 파리 이야기다.

'넛지'는 '타인의 선택을 유도하는 부드러운 개입'이

남자 소변기 속에 서식하는 '파
리'들. 덕분에 화장실이 쾌적해
졌다고 한다.

라는 의미로 슬쩍 건드려 설득하기라는 뜻인데, 여기에는 바로 행동 설계의 힘이 들어 있다. 사람들은 일반적으로 생각이 바뀌면 행동이 바뀐다고 생각한다. 대부분의 변화 모델도 이 생각에 기반을 두고 있다. 반면, 행동 설계는 '생각하는 과정'을 과감히 생략한다. 생각 없이 바로 행동을 유발하도록 환경을 설계하는 개념이다.

화장실 파리도 같은 맥락에서 나왔다. 파리를 본 남자들은 '주변에 소변이 튀지 않게 조심해야지' 하고 생각할 겨를도 없이, 본능적으로 그 파리를 향해 소변을 조준하며 한발 더 가깝게 소변기 앞으로 다가온다. 그러니 자연스레 주변으로 튀는 소변이 줄어든다. 통계 자료에 따르면 이 파리 덕분에 서울시 화장실 내 소변 튀는 비율이 80% 줄어들었다고 하니, 꽤 효과적인 방법이다. 생각을 바꾸는 것보다 행동을 바꾸는 것, 행동 설계의 힘이 비율 감소로 증명된 것이다.

소변기 파리는 점점 진화해서 급기야 어느 화장실에서는 축구 골대로 그 모습을 바꾸고, 4차산업혁명의 물결을 타고 게임 장치로까지 진화하고 있다. 방식은 달라도 모두 넛지를 적용한 기획이다.

그러던 중 소변기의 끝판왕, 넛지 기획의 결정판을 가평휴게소 화장실에서 만날 수 있었다. 바로 소변기 광

시선이 자연스럽게 머무르는
위치에 설치된 소변기 광고.

고였다. 정말이지 기막히다는 생각이 들었다. '소변기까지 광고의 공간이 되어야 하나'라는 씁쓸함도 살짝 느껴지기는 했지만, 이걸 기획한 사람의 비상한 머리를 칭찬하지 않을 수 없다.

현대인들은 거의 모든 곳에서 스마트폰을 보며 손에서 쉽게 놓지 않는다. 하지만 소변을 보는 순간까지 스마트폰을 손에 들고 있으면 옷이며 주변에 소변이 튀기 때문에, 그 순간만큼은 스마트폰을 내려놓게 된다. 누군가가 그 찰나의 순간을 파고들었다. 비록 15초 내외의 짧은 시간이지만, 온전히 그 사람의 시선과 인식을 잡아둘 수 있는 광고 공간을 만들어낸 것이다. 사람들에게 '우리 광고 좀 봐주세요'라고 간청하며 사람들의 생각을 바꾸려는 전략이 아닌, 사람들의 시선이 머무를 수밖에 없는 행동을 설계한 것이다. 가히 탁월한 기획이라고 생각한다.

이 밖에도 넛지를 활용한 생활 속 기획은 넘쳐난다. 쓰레기 무단 투기를 방지하기 위해 '불법 투기 금지', 'CCTV 촬영중'이라는 문구에도 별다른 효과가 없던 지역에 갑자기 꽃이 만개한 화단을 설치했다. 그 누가 감히 꽃밭에 쓰레기를 버릴 수 있을까? '계단을 이용하면 살이 빠집니다'라는 문구 대신 계단을 밟으면 피아노 소리가 나도록 해서 자연스레 사람들의 발길을 계단으로 유도한 피아노 계단은 꽤 유명한 사례다.

현금인출기에서 현금을 꺼낸 후에 꽂아둔 카드를 빼 가지 않는 사람이 너무 많아, 카드를 빼지 않으면 현금이 나오지 않게 한 것도 넛지를 활용한 훌륭한 기획이라 할 수 있다.

넛지에 대한 글을 쓰고 있는 지금 이곳은 용인 모 대학교 앞의 커피숍이다. 500평 규모의 큰 매장인데 특이하게 모든 좌석이 2인용 원탁 테이블이다. 4인 이상 앉을 수 있는 자리가 없다. 궁금해서 사장님께 넌지시 물었더니 이런 대답이 돌아왔다.

"우리 카페에는 학생들이 많이 오는데 4인석, 6인석 자리를 차지하고 너무 오랜 시간 머물더군요. 나가라고 할 수도 없고, 4인 이하 사용금지라고 써 붙여놔도 소용없고요. 그래서 테이블을 다 교체했지 뭐예요."

사장님이 넛지를 알고 활용하신 건지는 모르겠지만, 그 어떤 넛지보다 훌륭한 기획이라는 생각이 든다. 게다가 주 고객층인 학생들을 배려한 마음까지 더해지면서 왠지 모르게 내 마음까지 훈훈해졌다.

이처럼 고객도 모르게 고객의 행동을 유발하는 넛지. 굳이 고객을 설득하기 위해 온갖 미사여구로 힘 빼지 말고 넛지를 활용한 기획을 한번 시도해보면 어떨까? 상품이든, 서비스든, 공간이든 어떤 기획이라도 충분히 적용해볼 만한 가치가 있는 방법이라고 생각한다. 가볍게 '툭' 치고 들어가 '탁' 하는 반응을 이끌어낼 것이다.

돈 없으면 선물도 못 하는
더러운(?) 세상은 없다

'생일 쿠폰 기획'

몇 해 전 어버이날, 9살 딸아이가 어버이날 선물이라면서 꾹꾹 눌러쓴 손편지를 건넸다.

물론 누가 봐도 선생님이 시켜서 쓴 티가 팍팍 나는 편지인 데다 엄마 아빠 각각에게 보내는 내용이 싱크로율 90%라는 아쉬움이 남지만, 내 자식이 정성껏 쓴 손편지 앞에 폭풍 눈물 흘리지 않을 부모가 어디 있으랴.

감동이 채 가시기도 전에 고사리 같은 손으로 선물이라며 뭔가를 또 건네는데, 혹시나 하는 마음에 상품권이나 현금을 기대한 건 내가 속물이라서 그런가?

예쁜 봉투에는 현금 이상의 감동적인 선물이 들어 있었으니, 바로 효도 쿠폰 8종 세트였다. 나는 너무 귀엽고 사랑스러워서 몸 둘 바를 모르겠고, 이걸 아까워서 어찌 쓰나 하고 있는데, 엄마는 사정이 조금 다른 것 같았

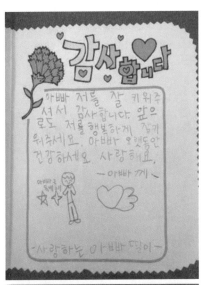

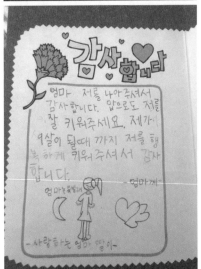

9살 딸아이의 어버이날
감사 편지.

딸에게 받은 효도 8종 쿠폰. 아
내는 즉시 쿠폰 한 장을 사용해
아이에게 설거지를 시켰다.

다. 고새 쿠폰 한 장을 뜯어서 9살 아이에게 설거지를 시키고 있었다. 친엄마 맞나 싶다.

이 기발한 생각은 누가 한 것일까? 이미 자식을 성인으로 키워낸 부모들에게는 옛 추억일 수도 있지만, 처음 받아보는 내 입장에서는 충격적인 기획이 아닐 수 없었다.

'선물은 해야 하는데(문제) 돈은 없고(제약조건), 부모님은 만족시켜야겠고(목적).'

악조건 속에서 자신이 가진 유일한 자원(몸뚱이 하나)을 제대로 활용해 부모님의 만족을 넘어서 감동과 폭풍 눈물까지 짜낸 가히 최고의 기획이라 할 수 있다.

누군가 이런 말을 한 적이 있다. 디지털의 가장 끝에는 휴먼이 존재할 것이라고. 모든 게 기계화, 자동화되는 시점에 가장 가치 있는 상품이나 서비스는 인간이 될 것이라고 한다. 그 말이 여실히 증명되는 순간이었다. 돈, 명품가방, 외제차 선물보다 더 벅차고 감동적이었다.

그렇게 해가 바뀌고, 다음 해 3월. 나의 불혹 생일에도 비슷한 물건(?)이 당도했다. 이름하여 '생일 쿠폰'이었다. 디자인도 예쁘고, 메시지도 예쁘다. 직원들의 마음이 고스란히 전해진다. 돈 한 푼 들이지 않고 사람의 마음을 움직일 수도 있구나 하는 생각이 든다. 한편으로는 그동안 내 개그가 그렇게 형편없었던 건지, 더 노력해달라는 직원들의 은근한 메시지까지 전달되며 소통의 기능까지 더해져 있다.

'이 녀석들 직접 말하기 어려운 이야기를 이렇게 귀엽게 하네. 오케이! 내가 개그학원 수강 등록하겠어. 니들 다 내 개그에 쓰러질 준비하고 있어!'

그렇게 몇 년의 시간이 흐르고 다시 돌아온 44번째 생일. 아침부터 카톡이 울려대기 시작한다. 커피 쿠폰, 치킨 쿠폰, 와인, 화장품에 이르기까지 종류도 가격도 천차만별인 선물이 도착한다. 기프티콘 풍년이로구나, 라는 생각과 함께 주머니는 풍족해졌지만, 왠지 모르게 마음은 헛헛해진다.

생일 선물까지 간편함·편리함·현물성을 추구하는 세상. 다소 투박하고, 노력이 필요하고, 쿠폰에 적힌 내용을 실제로 시행해야 한다는 부담감은 있더라도 사람 냄새 나는 기획이 그리워지는 순간이었다. 기계화, 자동화, AI에 이르기까지 모든 게 편리하고 빠르게 진행되는 세상, 그 반대선상에서 가장 인간적인 기획 한번 시도해보면 어떨까? 쿠폰 100종까지는 아니더라도, 빡빡한 기획에 사람 냄새 한 스푼 얹어보면 어떨까.

생일에 직원들에게 받은 생일 쿠폰. 직원들과의 소통 기능까지 더해진 좋은 선물이다.

"결정의 90%는 감성에 근거한다.
감성은 동기로 작용한 다음,
행동을 정당화하기 위해 논리를 적용한다.
그러므로 설득을 지배하려면,
감성을 지배해야 한다."

– 데이비드 리버만David Lieberman

명언
레시피

결국 인간의 마음을 움직이는 것은 감성이다.
기술, AI, 혁신도 좋지만,
내 기획에 사람 냄새, 감성 향기를
한번 더해보면 어떨까?
그 작은 차이가 분명 차별화된 가치를 만들어낼 것이다.

세상을 이롭게 하는 기획

기획은 세상을 향한다

처치 곤란 불가사리는
어떻게 도로 위 별이 되었나?

(**'불가사리 제설제'**)

함박눈이 펑펑 내린 어느 겨울날, 잠에서 깬 딸아이가 하얗게 변한 세상을 보며 행복해한다. 베란다 밖 풍경을 카메라에 담기도 하고, 장갑이며 털모자를 챙겨 학교에서 친구들과 신나게 놀 준비를 한다. 반면, 이 시대 중년 아빠의 생각은 다르다. 출근길은 얼마나 미끄러울 것이며, 차는 또 얼마나 밀릴지 걱정이 앞선다.

　　다행히도 도로 위에는 이미 제설차들이 바쁘게 움직이고 있다. 예전보다 제설 방식이 많이 업그레이드된 덕분인지 안전하게 목적지까지 도착할 수 있었다. 주차를 하고 차에서 내리면서 또 한 번 걱정이 몰려온다. 차 밑바닥에 붙은 제설제의 핵심 성분 염화칼슘 때문이다. 차량을 심하게 부식시키는 주범을 지금 당장 세차장으로 가서 검거하고 싶은 마음이 굴뚝같지만, 목구멍이 포도청이라

일단 일터로 향한다.

겨울철 도로 위에 쌓인 눈을 녹이는 제설제는 교통 안전과 질서를 위해 꼭 필요한 요소이지만, 제설제가 녹으면서 발생하는 염화 이온은 늘 문제로 지적되어왔다. 차량 하부 부식의 주범이고, 도로 파손까지 유발한다. 여기서 끝이 아니다. 가로수 괴사는 물론이고 토양과 수질마저 오염시킨다. 이 문제를 해결하기 위해 여러 가지 친환경 제설제가 개발되어왔지만, 환경 오염은 줄어드는 대신 그 본연의 기능인 제설 기능이 약해서 대중화되지 못했다.

이때, 말 그대로 스타처럼 업계에 등장해서 이 문제를 한 방에 해결한 기획이 있었으니, (주)스타스테크가 2017년에 개발한 '불가사리 제설제'였다. 불가사리가 가진 다공성 구조체를 이용해 세계 최초로 환경 피해 없이 눈을 녹이는 친환경 제설제 개발에 성공한 것이다.

공학도가 아니어서 그 원리나 특징을 정확하게 설명하기는 어렵지만, 그 효과만 놓고 보더라도 대단한 기획임이 틀림없다.

우선 기존 염화칼슘 제설제 대비 부식률이 0.8%에 불과하다. 80%도 아니고 8%도 아닌 0.8%라니, 여기서 이미 게임은 끝났다고 본다. 여타 친환경 제설제의 부식

률과 비교해봐도 월등히 앞서는 수치다.

　게다가 제설 효과도 입증됐다. 일반 제설제의 166%에 이른다. 가격이 비싸다는 단점은 있지만, 도로 보수 비용이나 환경 비용 등을 감안하면 훨씬 더 경제적이다.

　여기서 끝이 아니다. 보관 기능도 우수하다. 해가 바뀌고 또 바뀌어도 사용 가능하다. 일반 제설제의 보관 기간이 1년인 데 비해 3년까지 사용할 수 있다고 한다. 가히 제설제 분야의 명품이라 할 만하다.

　그렇다면 과연 이 기획은 어떻게 탄생하게 된 것일까? 좋은 기획 이면에는 반드시 그 기획이 탄생할 수밖에 없는 탄생 비화 같은 것이 있다. (주)스타스테크 양승찬 대표 역시 마찬가지였다. 고등학교 때 불가사리의 다공성 구조체를 다룬 논문을 읽고 불가사리에 대한 관심이 싹텄고, 그후 '쓰레기로 친환경 제품을 만들자'라는 생각을 오랫동안 해왔다고 한다. 그러던 중 친환경 제설제 개발의 기폭제가 된 사건이 있었으니, 바로 겨울철 눈이 많이 내리는 강원도 인제에서 군 복무를 한 일이었다.

　'눈', '군 복무'라고 하면 남자들 머릿속에 고통으로 자리하는 기억이 하나 있다. 치워도 치워도 줄지 않는 눈과 싸우며 눈을 쓸던 기억이다. 정말 '하늘에서는 눈이 내리고, 내 눈에서는 눈물이 내린다'는 말이 과장이 아닐 정도로 제설 작업은 고통 그 자체였다. 아마도 양승찬 대표 또한 군 복무를 하며 효과적인 제설제의 필요성을 절감하고 개발해야겠다는 마음을 단단히 굳혔으리라.

불가사리에 대한 관심, 쓰레기 활용에 대한 평소의 고민, 제설제의 필요성 등에 대한 생각이 머릿속에서 얽히면서, 불가사리는 그렇게 폐기물에서 도로 위의 별로 화려하게 재탄생할 수 있었다. 쓰레기도 활용하기에 따라 소중한 자원으로 변신할 수 있다는 발상의 전환을 통해 신의 한 수를 보여준 좋은 기획이라고 생각한다. 본격적으로 불가사리 제설제에 담긴 기획의 요소를 세 가지로 정리해본다.

첫째, 일타쌍피 전략을 취했다. 불가사리를 통해 사업을 일으키고 환경에 기여한 것뿐 아니라, 해양 폐기물 처리에도 기여했다. 그동안 불가사리는 양식업 등에서 연 3,000억 이상의 처리 비용을 발생시키는 말 그대로 해양 폐기물이었다. 그런데 제설제의 원료로 사용되면서 불가사리는 이제 더 이상 폐기물이 아닌 소중한 원자재가 되었다. 불가사리 폐기 시 발생하는 비용과 제설제가 유발하는 환경 오염 문제까지 함께 해결했다. 한 가지가 아닌 두 가지 문제를 연결해 한 방에 해결했으니, 생각을 연결하는 힘이 대단하게 느껴진다.

둘째, 판로 개척에 정부의 도움을 활용했다. 스타트업이나 많은 중소기업이 좋은 제품을 가지고 있음에도 판로가 없어 빛을 보지 못하는 경우가 많다. 양승찬 대표는 관공서와 기관에 적극적으로 제안하여 국내 시장을 개척했고, 이를 발판으로 해외 시장으로 발돋움할 수 있었다. 정부는 판로가 부족한 혁신 제품에 대해 실험 기회를 제공하는 훌륭한 테스트베드가 될 수 있음을 잘 보여준 민관합동의 모범이라고 생각한다.

셋째, 기획은 확장성을 가진다. (주)스타스테크는 과거의 성공에 안주하지 않고, 불가사리를 활용한 사업을 적극적으로 확장해나가고 있다. 불가사리를 완벽하게 재사용하기 위해 다공성 구조체를 추출하고 난 후 남는 물질을 이용해 화장품이나 비료 사업까지 넘보고 있다고 하니, 그 기술의 끝이 어딜지 가늠조차 되지 않는다. 불가사리의 무대는 이제 도로 위를 넘어서 사람의 얼굴로, 논밭으로 넓어지고 있다.

'한국판 뉴딜'로 평가받으며 그 가능성과 사업성을 확장해나가고 있는 불가사리 제설제. 하지만 불가사리도 하나의 생물 자원이기 때문에 언젠가는 동이 나게 되어 있다. 추가적인 고민이 필요하다.

'불가사리를 대체할 만한 불필요한 생물이나 쓰레

기는 없을까?'

나아가 환경에 관한 생각, 환경에 관한 질문은 끝없이 이어질 수 있다.

'지금 아무렇지 않게 쓰고 있는 화학물질을 대체할 만한 친환경 소재는?'

'혐오하는 곤충으로 영양제나 비료를 만들 수는 없을까?'

'맥주 부산물은 어디로 버려지고 있을까?'

'썩지 않는 물티슈를 재활용할 방법은?'

'수박 껍질, 땅콩 껍데기 등은 그냥 그대로 버려져야 하나?'

세상에 대한 면밀한 관찰과 세심한 관심이 위 질문에 대한 답을 찾아줄 것이다. 그리고 그 시선이 머무르는 곳에 또 하나의 '별'이 뜨고 세상을 이롭게 바꿀 것이다.

"질문을 멈추지 않는 게 중요하다.
호기심은 그 자체만으로도
존재 이유가 있다."

– 알베르트 아인슈타인Albert Einstein

흔히 질문은 답을 찾기 위해 한다고 알고 있다.
하지만 질문은 그 자체만으로 생각을 자극하는 힘이 있다.
또한 질문 자체에 답이 내포된 경우가 많으니,
답이 없더라도 세상에 질문하는 습관을 길러보자.
질문에 질문이 답하고,
그 끝에는 분명 현명한 답이 기다리고 있을 것이다.

파란불이 하는 일을
빨간불도 하게 하라

(**'신호등 빨간색 점멸 표시 기획'**)

지금은 너무나 익숙해져서 당연시되는 횡단보도 신호등의 파란불 카운트다운 표시. 대한민국 어느 똘똘한 초딩의 머릿속에서 이 기획이 탄생하기 전까지, 대한민국 국민은 횡단보도에서 뛰고 또 뛰어야 했다. 언제 바뀔지 모르는 파란불 신호 앞에 수명 연장을 위한 유일한 방법이었다. 다행히 1990년대 초 도입된 파란불 카운트다운 표시 덕분에 사람들은 횡단보도에서 여유를 찾고 안심할 수 있었다. 아주 좋은 기획이라고 생각한다.

그런데 이 신호등도 막지 못하는 것이 하나 있으니, 한시라도 빨리 가고자 빨간불에 횡단보도를 건너는 무단횡단이다. 빨간불이 언제 파란불로 바뀔지 모르니 조급함에 무단횡단을 하는 경우가 자주 발생하고, 이는 사고로 이어질 확률도 높다. 무단횡단은 최근 즐겨 보는 〈한

일본의 한 보행자 신호등. 빨간 점이 다 없어지면 파란불로 바뀐다.

문철의 블랙박스 리뷰〉라는 프로그램에서도 음주운전, 급발진과 함께 자주 등장하는 3대 단골 소재다.

그러던 어느 날, 일본을 여행하던 중 횡단보도 신호등에서 특이한 점을 발견했다. 바로 의미 모를 빨간 점의 정체였다.

처음에는 '저게 뭐지? 액정이 깨졌나?' 싶었는데 계속 보고 있으니까 그 이유를 알 수 있었다. 점이 하나씩 없어지며 길이가 짧아지더니, 점이 0개가 되는 순간 파란불로 바뀌는 것이었다.

'아하! 파란불로 바뀌기 전까지 대기 시간을 알려주기 위한 장치구나.'

기발하다는 생각과 함께 우리나라에도 도입이 시급하다는 생각이 들었다.

살면서 누구나 한 번쯤 횡단보도 앞에서 이런 생각을 해본 적 있을 것이다.

'도대체 언제 파란불 되는 거야? 그냥 건너, 말어?'

'건너, 말어'가 '살아, 죽어'인지도 모르고 무단횡단을 하다가 사고로 크게 다치거나 목숨을 잃는 이들도 있다. 이때 만약 일본과 같은 신호등이 있었다면 어땠을까?

'너 딱 기다리고 있어. 내가 대기 시간 알려줄게. 금방 파란불 될 거야.'

최근 설치가 늘어가는 횡단보
도 바닥 신호등. 스마트폰을 보
느라 시선이 아래를 향하는 현
대인들에게 매우 효과적이다.

이렇게 말을 거는 듯한 빨간색 점멸 표시등 앞에서 조금 더 기다릴 확률이 올라가지 않을까?

지금까지 우리나라 신호등은 파란불이 켜지고 그 불이 빨간불로 바뀔 때까지의 시간만 알려주었는데, 관점을 달리하거나 생각을 뒤집으면 다른 아이디어도 나올 수 있다는 생각이 들었다.

같은 맥락에서 가로등처럼 세워져 있는 신호등이 아니라 바닥에 표시된 신호등은 어떨까? 나아가 영화 〈미션 임파서블〉에 나온 것처럼 레이저를 쏴서 무단횡단을 막는 신호등은 어떨까? 보행자가 아닌 운전자를 위한 카운트다운 신호등은 어떨까?

관점을 달리해서 문제를 찾아보고 해결책을 고민해본다면 우리나라에서도 훌륭한 신호등 기획이 탄생하지 않으리란 법이 없다. 평소 무심히 혹은 바쁘게만 건넜던 신호등도 조금만 관심 있게 보면 좋은 기획으로 이어질 수 있다. 그리고 이런 기획 릴레이가 이어진다면 우리나라 교통사고 발생률도 다소나마 줄어들 거라 기대해본다.

세상에서 가장 착한
해적이 떴다

'인어교주해적단'

어느덧 결혼 10년 차. 와이프가 늘 푸념처럼 되뇌는 말이
있다.

"예전에는 손에 지문이 닳도록 킹크랩이며 대하며
세심하게 껍질 까주는 오빠였는데……"

여기까지 쏟아낸 와이프의 입이 브레이크를 못 걸
고 곧 속내를 드러낸다.

"그러고 보니 킹크랩 구경해본 지도 오래네…… 어
떻게 생겼더라? 다리가 20개던가? 주황색이던가? 육지에
사는 건가?"

결혼 10년 차 정도 되면 눈칫밥이 확실히 생긴다. 저
렇게 말한 와이프의 요구에 넋 놓고 가만히 있다가는 생존
확률이 급격히 떨어진다는 것쯤은 온몸의 세포가 기억하
고 있다. 적극적으로 반응하면서 격하게 제안해야 한다.

"그치. 여보, 오늘 킹크랩 먹으러 가자!"

"정말? 그럴까? 서연이도 좋아하니까 오늘은 수산
시장에 가서 이것저것 골라 먹어보자."

일단 정해진 일이라면 빠져나갈 핑계를 찾기보다
좀 더 효과적으로 할 수 있는 방법을 찾는 성미인지라, 급
하게 손가락을 움직이며 검색의 향연을 펼쳐본다.

'어디가 싸지? 가성비가 좋은 곳은 어디지?'

물론 연애할 때 최우선으로 삼던 프리미엄, 분위
기, 맛, 살수율, 신선도 등의 기준과 사뭇 다른 기준으로
검색을 한다. 모로 가도 서울만 가면 된다고, 와이프 위장
에 킹크랩만 채워주면 일주일은 평화를 지킬 수 있다.

그러나 오랜만에 하는 수산물 검색은 어렵고 더디
기만 하다. 네이버 블로그 정보는 시기도 맞지 않고 부정
확한 정보가 많다. 개인의 취향과 상황에 따라 각기 다른
정보가 전달된다. 인스타그램에는 주로 먹는 사진만 올라
와 있어 가격 정보를 파악하기가 어렵다. 그렇다고 해서
현장에서 직접 부닥치자니 덜컥 센 가격이라도 나오면 어
쩌나 하는 불안감이 앞서고, 깎지도 못하고 그대로 호구
되면 어쩌나 하는 쪼잔한 생각이 뒤를 따른다.

사실 킹크랩이 한두 푼 하는 것도 아니고, 저렴한
건 바라지도 않고 적절한 가격에 맛있게 먹고 싶은 것이

인지상정이다. 금수저가 아닌 이상 아마 이런 고민 한 번쯤은 해봤으리라 생각한다. 이때 정말 혜성처럼, 아니 해적처럼 나타난 '인어교주해적단'을 진작 알았다면 좋았을 뻔했다.

수산물의 모든 것, 인어교주해적단은 유튜브 채널로 시작해서 지금은 애플리케이션으로 사업을 확장하고 있다. 유튜브에서는 주로 수산물 정보나 조리법 등을 다루고, 애플리케이션은 크게 세 가지 서비스로 운영된다.

첫째, 지역별·품목별 수산물 시세를 제공한다. 지역별로 가격을 비교해 좀 더 저렴한 곳으로 갈 수도 있고, 시세에 맞게 상대적으로 싼 수산물을 골라 먹을 수 있다. 무엇보다 정보가 투명하게 공개되니 안심하고 구입할 수 있다는 장점이 있다.

둘째, 판로 개척이 힘든 산지 판매자들과 싼 가격에 직거래를 할 수 있는 쇼핑몰 기능을 갖추고 있다. 유통마진을 제거하고 판매자는 제값에 팔고 소비자는 싼값에 구매할 수 있는 플랫폼 역할을 하며 착한 기업으로서 면모를 갖추고 있다.

셋째, 수산물 관련 지식을 업그레이드해준다. 콘텐츠라는 코너에 가보면 그동안 알지 못했거나 생각지도 못했던 재미난 콘텐츠가 넘쳐난다. 아는 만큼 보인다고, 제대로 알고 먹으면 더 맛있게 먹을 수 있고, 혹은 회식 자리나 모임 등에서 깨알 지식 방출하면 이 구역 인싸로 거듭날 수 있을 것이다.

이제까지도 잘해왔고 지금도 잘하고 있지만, 앞으로 더 나은 발전을 위해 인어교주해적단에 한 가지 아이디어를 제안해본다.

수산물의 생명은 신선함이다. 그렇다면 이 점에 착안해서 시세에도 신선함을 제공해보면 어떨까? 한마디로 시시각각 가격이 변하는 가격 변동제, 실시간 경매 시스템을 도입해보는 것이다. 잘 팔리는 수산물은 분 단위로 가격이 오르고, 잘 팔리지 않는 수산물은 분 단위로 가격이 내려가도록 책정하는 시스템이다.

실제로 일본의 어느 맥주가게에서는 시간대별로 잘 팔리는 맥주는 비싸게, 안 팔리는 맥주는 싸게 책정하여 시시각각 전광판에 맥주 시세를 알려준다. 사람들이 수용할 만한 범주 내에서 가격이 변동하고, 시시각각 변하는 시세는 사람들에게 이야깃거리와 재미를 제공하면서 판매 증진에도 도움이 된다고 한다. 물론 시스템 설계나 판매자들의 협조를 얻기까지 어려움이 있겠지만, 더 나은 인어교주해적단의 모습을 기대하며 아이디어를 제안해봤다.

영화 〈사이코〉의 앨프리드 히치콕Alfred Hitchcock 감독은 이런 말을 한 적이 있다.

"진짜 공포는 알지 못하는 것에서 나온다."

알지 못한다는 공포. 사람들은 정보의 부재나 부정확한 정보, 나아가 정보에 대한 불신으로 인해 불안함과 공포를 느낀다. 즉, 많은 문제가 발생하는 지점이라는 뜻이다. 그렇다면 이런 부재, 부정확함, 부족함이 존재하는 곳에 또 다른 기회가 존재하지 않을까? 정보화 시대, 4차산업혁명 시대, 챗 GPT가 모든 정보를 제공해줄 것만 같지만, 어느 곳에나 빈틈은 있기 마련이다. 그 빈틈을 적절하게 파고든다면 '고기교주산적단', '과일교주서리패' 등과 같은 좋은 도적들이 세상을 좀 더 이롭게 하지 않을까 기대해본다.

"나 자신을 좋은 사람으로
바꾸려고 노력하니까
좋은 사람이 오더라."

– 이효리

명 언
레시피

좋은 기획은 '어떻게 수익을 만들고 성과를 낼까?'
고민하는 데서 시작되지 않는다.
'어떻게 세상에 이로움을 줄까?'에서 시작된다.
이익은 좇는 것이 아니라 따라오는 것이다.
뭐가 우선인지 순서를 제대로 알고 기획하자.

채용 시장에
헤딩골이 터졌다

('헤딩 서비스')

직장 생활을 청산하고 사업을 시작한 지 5년 차. 언제 올려놨었는지도 모르는 이력서가 잡코리아에 남아 있나 보다. 가끔 헤드헌터들이 연락을 해온다. 보통 메일로 제안을 하는데, 이럴 때는 귀차니즘을 내적 핑계 삼아 '노답'으로 의사 표명을 하고는 한다. 하지만 가끔 문자나 전화를 해오는 헤드헌터도 있다. 어쨌든 나를 좋게 봐서 그런다는 생각에, 예의를 갖춰 나름 최선의 답변을 전해본다.

"연락 주신 것은 감사합니다. 그런데 제가 지금은 사업을 하고 있어서, 죄송하지만 지원하지 않겠습니다."

여기서 대화가 마무리돼야 하는데, 한마디 더 치고 들어오는 분들이 있다.

"그럼 혹시 주변에 추천해주실 만한 분은 없으신가요?"

다시 한번 그 성의에 감복해 답변을 한다.

"한번 찾아보고, 혹시 있으면 말씀드리겠습니다."

이렇게 이어진 대화 끝에 결국 후배를 추천했고, A기업에 지원해서 이직 성공까지 이어졌다. 그런데 그 헤드헌터는 그 이후로 고맙다는 인사 한마디, 문자 한 통 없었다. 물론 내가 할 수 있는 좋은 일을 했고, 좋은 결과로 이어진 것만으로 충분한 보상이 될 수 있다. 하지만 바쁜 시간 쪼개서 중간에서 전화하고, 이력서 받아서 건네주고, 평판 조회까지 응하고 시간과 노력을 투자했는데, 돌아오는 게 없다 보니 왠지 모를 서운함과 배신감이 느껴졌다. 게다가 채용 성공 시 헤드헌터가 받는 보수가 대략 연봉의 15% 내외라고 하니 적어도 900만 원 이상의 보수를 챙겼을 텐데, 그 흔한 커피 쿠폰 한 장 보내주지 않는다는 생각에 섭섭함을 감출 수가 없었다.

사실 비슷한 경험은 이번이 처음이 아니었다. 인간은 망각의 동물이라고 했던가? 4~5년 전에도, 2년 전에도 비슷한 경험을 했는데 똑같은 실수(?)를 반복하고 말았다. 이제 진짜 헤드헌터에게 보일 더 이상의 친절 따위는 남아 있지 않다.

경력직 채용은 헤드헌터를 통한 채용이 일반적이다. 하지만 헤드헌터도 사람인지라 자신이 추천하는 사람의 면모를 세세하게 파악하기 힘들다. 역시 가장 좋은 방법은 지인 추천이 아닐까 싶다. 하지만 주변에 아무리 좋은 사람이 있어도 채용까지 연결하기는 어려우니, 주로 헤드헌터에게 지인을 추천해주고 헤드헌터들이 일을 마무리하면서 수수료를 받게 된다.

당연한 프로세스인 듯싶지만, 나의 경험처럼 중간에 역할을 한 지인에 대한 보상이 과감히 생략된다는 문제가 있다. 분명 '사람 유통(?)'에 관여했는데 돌아오는 것이 없다는 소소한 문제, 그 문제를 지나치지 않은 기업이 '더라이징스타헤딩'이라는 스타트업이다. 더라이징스타헤딩은 전통적인 채용 관행에 '이의 있습니다'라고 문제를 제기하고 도전장을 내밀었다.

이 회사에서 개발해 운영하는 이직 플랫폼 '헤딩'은 한마디로 누구나 헤드헌터 역할을 하며, 채용 공고를 공유하거나 지인을 추천하는 것만으로 보상을 받는 서비스를 제공한다. 예를 들어, 내 후배를 헤드헌터가 아니라 헤딩에 추천해 그 후배가 이직에 성공했다면 그 수수료는 내가 가져올 수도 있었다. 아, 지금 다시 생각하니 배 아프고 억울하다.

심지어 셀프 추천을 하는 경우에도 수수료를 준다. 내가 A기업에 지원을 하는데, 나를 헤딩에 추천해서 취업을 하면 나에게 수수료를 준다. 이거 진짜 실화인가? 내가 이직을 세 번 했으니 그것만 챙겼어도 몇백만 원은 되었을 텐데. 시간을 되돌리고 싶어진다.

이건 뭐 취업도 하고 수수료도 받고, 꿩 먹고 알 먹고가 따로 없다. 이 밖에도 헤딩에서는 세 가지 서비스를 추가로 제공하고 있다.

첫째, 채용 관련 무료 컨설팅이다. 이력서, 자기소개서부터 면접 팁까지 무료로 제공하고 채용의 전 과정에 대한 꿀팁을 제공한다. 특히 오랜 시간 쌓인 데이터와 레퍼런스를 기반으로 실제 기업의 면접장 분위기가 어떤지, 어떤 질문이 오가는지 어디에서도 얻을 수 없는 실질적인 정보를 많이 얻을 수 있다.

둘째, 지원자 간 커뮤니티 지원 서비스다. 기업에서 제공한 정보나 인터넷에 떠도는 정보만 가지고 취업 준비를 하는 데는 한계가 있다. 뭐니 뭐니 해도 정보의 원천은 사람이다. 헤딩에서는 같은 기업에 지원한 지원자들끼리 서로 정보를 주고받을 수 있는 커뮤니티 운영을 통해 정보의 한계를 극복해나가고 있다.

셋째, 인사 담당자 영업 보상 정책이다. 헤딩에서 가장 중요한 고객은 인사 담당자다. 이 정보를 모으기 위해 헤딩은 다시 한번 보상 정책을 꺼내 들었다. 누구나 주변에 인사 담당자 3~4명은 알고 있으니, 그들을 헤딩에 추천해 등록이 될 경우 적절한 보상이 제공된다. 물론 인사 담당자와 사전 협의는 필수이고, 개인정보 보호법을 위반해서도 안 된다. 명함첩 한 번 뒤져서 인사 담당자 명함 한 번 확인하는 작은 수고만으로도 한 달 월급 이상의 수익이 발생하는 일이 벌어질 수도 있다.

초물가 시대. 월급만으로 먹고살기 힘든 세상이다. 마이너스 통장이라는 산소통이 없으면 버티기 힘들다. 부동산이나 주식을 하거나, 퇴근 후에 배달 알바나 대리운전을 하며 투잡, 스리잡도 불사한다. 이 시대 직장인의 슬픈 자화상이다.

이때, 주식, 부동산, 알바도 좋지만, 좋은 일을 하면서 돈도 벌 수 있는 플랫폼 헤딩을 활용해보는 것은 어떨까? 적게는 100만 원부터 많게는 1,000만 원까지 한 방에 벌 수 있다. 잘 알아보고 시도해본다면 '텅장'을 채워주고, 주변의 '인심'까지 챙길 수 있으니 그야말로 손해 볼 일 없는 장사다.

왜 이제야 터진 것인지 모를 정도로 감동적이고 세상에 이로움을 선사하는 더라이징스타의 헤딩 Goal. 나로서는 직장 생활이 끝난 경기 종료 후 터진 골이라 아쉬움 가득하지만, 앞으로 많은 사람이 이용한다면 헤딩은 더욱 이로운 서비스를 제공하며 발전해나갈 것이다.

2022년 카타르 월드컵 조별 예선 가나전에서 조규성이 터뜨린 헤딩골보다 더 강력한 채용 시장의 헤딩골, 이직 플랫폼 '헤딩'. 구직자에게, 추천인에게, 기업의 인사 담당자에게 더 큰 이로움을 선사하기를 응원한다.

"헤~딩 서비스! 짝짝짝! 짝! 짝!"

스트레스를 다스리는 자,
기회를 잡을 것이다

'스트레스 해소방'

신촌에서 대학을 다니던 시절, 사촌 형이 학교 앞 노상에서 기왓장 격파 사업을 운영한 적이 있다. 말이 좋아 사업이지, 사실 플라스틱 기왓장과 인형을 가지고 하는 길거리 장사였다. 놀이공원이나 유원지에서 종종 볼 수 있는 다트, 풍선 터뜨리기, 사격 등과 비슷한 게임이라고 생각하면 된다.

사촌 형은 길모퉁이 어디쯤 플라스틱 기왓장 몇 개를 쌓아놓고 사람들을 유인했다. 몇몇 사람이 신기한 듯 다가오면, 사촌 형은 이때다 싶어 뻐꾸기 멘트를 날린다.

"단돈 3,000원에 스트레스 풀고 가세요. 한 방에 날아갑니다. 다 부수면 인형까지 선물로 드립니다."

그러면 신기하게도 사람들이 3,000원을 내고 너도나도 격파를 하고는 했다.

사촌 형은 저녁 6시부터 밤 12시까지 혼자 장사를 했는데, 가끔 형이 밥을 먹으러 가거나 급한 볼일이 있을 때는 내가 자리를 지키며 아르바이트를 해주고는 했다. 솔직히 학교 앞에서 친구들이 지나가다 보면 어쩌나 하는 부끄러움도 몰려왔고, 이런 걸 도대체 누가 3,000원이나 내고 할까 싶어 의구심도 들었지만, 의외로 많은 사람이 돈을 내고 게임을 하고 있었다. 모르긴 몰라도 학업에 대한 스트레스, 직장 생활에 대한 분노를 해소하는 데 도움이 되었나 보다.

그렇게 6개월 동안 열심히 일한 사촌 형은 꽤 큰 돈을 모아 낚싯배를 살 수 있었고, 자신이 원하던 프로 낚시꾼으로 성공할 수 있었다. 덕분에 나도 아르바이트 비용을 톡톡히 챙겼고, 형이 물려준 기왓장을 잘 보관하고 있다가 학교 축제 기간에 활용해 돈을 벌기도 했다.

그렇게 기왓장 격파 게임으로 번 돈이 땡전 한 푼 남아 있지 않고 그 기억조차 희미해진 어느 날, TV 예능 프로그램을 보는데 그 시절을 떠올리게 하는 장면이 나왔다. 심하게 다툰 연인이 화를 풀기 위해 데이트 코스로 스트레스 해소방을 찾은 것이다. 마치 그때 그 시절 기왓장을 부수며 스트레스를 풀던 것처럼, 연인들이 각자 방에 들어가서 이것저것 때려 부수며 스트레스를 풀고 있었다.

기왓장 격파 사업이 보다 더 현대적인 사업으로 부활한 것이다.

스트레스 방에 입장하면 제일 먼저 안전모를 비롯한 장비를 착용하고, 야구 방망이나 망치 등 도구를 선택한다. 그 도구를 가지고 방음 처리가 된 방에 들어가서 폐가전이나 가구 같은 물건을 마구마구 때려 부수거나 벽에 붙은 타이어를 연신 두드려대는 것이다. 이것도 성에 차지 않으면 벽에 접시를 던져서 산산조각 낼 수도 있다. 지불하는 요금에 따라 깰 수 있는 물건과 개수가 달라지는데, 5분의 시간 동안 깨고 부수고 던지는 행위를 통해 그동안 쌓인 스트레스를 방 안에 던져놓고 갈 수 있다.

물론 좀 더 건강한 방법으로 스트레스를 풀면 더 좋겠지만, 화가 많은 대한민국, 점점 늘어만 가는 분노조절장애로 인한 사건 사고 등을 생각해보면 가끔 이런 곳에서 화를 달랠 필요도 있다고 본다.

일본에서는 스트레스 해소 용품으로 방음 항아리가 유행한 적이 있었다. 고무로 만든 항아리에 대고 소리를 지르거나 욕을 해도 주변으로 소리가 새어 나가지 않기에 스트레스 해소에 도움이 되는 상품이었다. 최근에는 스트레스 해소용 손 장난감도 판매되고 있다. 공 모양으로 생긴 고무 인형을 손에 쥐고 마구 주무르거나 늘리거나 찢으면서 감정을 다스릴 수 있는 도구다. 최근 아이들 사이에서 유행하고 있는 푸시팝도 놀이기구이자 손 근육 발달 도구이면서 스트레스 해소용으로도 그 쓰임이 있다고 한다. 얼마 전에는 스트레스 케어 음료 '쉼'까지 등장해 현대인에게 스트레스가 얼마나 큰 문제인지, 그리고 이와 관련된 사업 기회가 얼마나 무궁무진하게 존재하는지 잘 보여주고 있다.

인간이 느끼는 가장 기본적인 욕구가 해소되지 않는 것 못지않게 사람들의 문제가 집약된 것이 바로 스트레스 아닐까? 또한 스트레스를 받는 사람이 어디 성인뿐일까? 아이들과 노인들의 스트레스는 어디서 누가 풀어줄까? 반려견, 반려묘는 어떻게 스트레스를 다스리고 있을까? 주부들의 스트레스는 어디서 해답을 찾아야 할까?

그래서 나는 '스트레스'라고 쓰고 '기회'라고 읽어본다. 그 누군가의 스트레스를 깊게 파고들다 보면 그 시선이 닿는 곳에서 분명 또 하나의 사업 기회가 움틀 것이다.

어린이의, 어린이를 위한,
어린이에 의한 기획

('인도 책가방 무게 제한')

요즘 유행하는 MBTI에 따르면 나는 즉흥적이고 자유분방한 P형이고, 딸은 철저하게 계획을 세우는 J형이다. 한마디로 정반대 스타일이다. 물론 MBTI가 100% 맞는다고 할 수는 없지만, 매일 아침 준비 상황을 보면 어느 정도 설명이 된다. 아침에 시간이 임박해서 이것저것 가방에 쑤셔 넣고 후다닥 뛰쳐나가는 아빠와 달리, 딸은 하루 전날 모든 준비를 끝내고 현관 앞에 짐을 챙겨놓고 나서야 잠이 든다.

가끔 새벽에 나갈 때 현관 앞에 가지런히 놓인 책가방과 외투 등을 보면 기특하기도 하고 짠함이 밀려오기도 한다. 생각보다 책가방이 엄청 무거운 탓이다. 거짓말 조금 보태서 돌덩이를 넣고 다니는 건 아닐까 싶을 정도이다. 아이가 그 가녀린 어깨에 무거운 책가방을 짊어

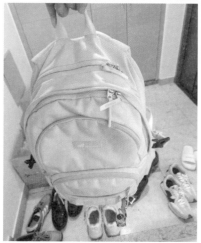

딸아이는 매일 밤 현관 앞에 다
음 날의 책가방과 외투를 가지
런히 놓아둔다.
책가방을 들어보면 생각보다
무겁다.

지고 다닌다는 생각을 하면 왠지 모르게 안타까움이 밀려온다.

비슷한 고민을 하는 부모들과 학교 관계자들이 인도에도 있었나 보다. 인도의 마하라슈트라주州에서는 책가방의 무게가 아동 몸무게의 10%를 넘지 못하도록 법으로 제한하고 있다. 학교 정문 앞에 저울을 설치해 전교생이 모두 저울에 가방 무게를 달고 기준을 충족해야 학교 수업이 시작된다.

좀 더 구체적으로는 5살인 초등학교 1학년은 책가방 무게를 2.5kg 이하로, 12살인 8학년은 책가방 무게를 4.2kg 이하로 제한했다. 교사들은 아이들의 책가방 무게를 직접 잰 뒤 규정에 어긋나면 주의를 준다. 주의가 3회 이상 반복되면, 해당 학생의 부모님을 부르는 경고 조치로 이어진다.

물론 아이들의 꿈의 무게를 정부에서 제한할 필요가 있나 하는 생각도 들지만, 꿈보다 아이들의 건강과 아이들의 미래에 좀 더 무게 중심을 둔 기획자의 의도가 현명하다고 생각한다. 실제 이 제도를 기획하고 시행에 옮긴 교육감 낸드 쿠마르Nand Kumar는 이런 말로 기획 의도를 설명했다.

"무거운 책가방은 성장기 아이들의 척추에 문제를

일으켜 성장을 방해하고 피로 누적으로 이어진다."

등교하는 아이들의 책가방 무게를 일일이 저울에 달아야 하는 불편함이 수반되지만, 잠깐의 불편함을 감수하는 것만으로 아이들의 건강과 성장을 책임질 수 있으니 그 어떤 기획보다 좋은 기획이라고 생각한다. 게다가 별도의 예산을 투입하거나 비용을 지원하는 간편한(?) 방식을 선택하지 않고도 아이들을 위한 기획을 완성했다는 점에서 높이 평가할 만하다.

인도 학교에서의 좋은 기획과 더불어, 미국의 어느 병원에서도 의미 있는 기획이 탄생했다. 어린이를 위한 두 번째 기획 사례로, 글로벌 의료기기 회사 GE헬스케어에서 만든 어린이 전용 MRI 어드벤처 시리즈를 소개한다.

GE헬스케어 수석 디자이너 더그 디츠Doug Dietz는 자신이 만든 MRI 기계를 테스트해보기 위해 병원을 찾았다. 이때, MRI 검사를 하던 한 소녀가 공포에 질려 우는 모습을 보고 충격에 빠졌다고 한다. 무심코 지나칠 수 있는 이 상황에서 더그는 진지하게 고민했다. 그리고 스탠퍼드 대학의 D스쿨에서 배운 창조적 발상과 문제 해결 기법을 통해 해결 방법을 찾아냈으니, 고민 끝에 탄생한 기계가 의료기기 아닌 듯한 의료기기인 어린이 전용 MRI 기계였다. 어린이에게 마치 놀이기구를 타는 듯한 경험을 선사하는

외관을 놀이기구처럼 꾸며 아이들의 불안과 공포를 잠재울 수 있도록 한 어린이용 MRI 촬영 기계.

차원이 다른 MRI 기계다.

일단 이 기계는 외관부터 남다르다. 우리가 익히 알고 있는 하얀색의 공포스러운 디자인이 아니다. 외관을 마치 놀이기구처럼 꾸며놓았다. 촬영을 위해 어린이가 이 침대에 누우면 음악이 흘러나온다.

'두둥 둥둥둥.'

이때, 의료복이 아닌 해적 복장을 한 촬영 기사가 이렇게 말한다.

"넌 지금 모험을 떠날 준비를 하는 거야. 저 안에 들어가면 드르륵드르륵 큰 소리가 날 텐데, 무서워할 필요 없어. 넌 보물을 캐고 있는 거니까. 그렇게 보물 다 캐고 나오면 아저씨가 사탕을 선물로 줄게."

그렇게 병원은 치료를 위한 공간이 아닌 놀이 공간으로 변모하면서 문제를 해결할 수 있었다. 이 기획이 더 돋보이는 것은 단지 아이들의 공포감을 줄여줬기 때문만은 아니다. 병원 측에서도 손해 볼 것 없는 장사였다. 병원의 이익에도 철저하게 부합하는 기획이었다.

병원은 아이들의 공포와 움직임으로 인한 부정확한 촬영을 예방할 수 있었고, 자연스레 촬영 시간이 줄면서 다른 환자들을 더 촬영할 수 있었다. 또한 촬영 때 아이들에게 투입하는 마취제 사용량도 줄었고, 어린이들 사이에 입소문까지 더해지는 홍보 효과도 있었다.

기획은 단순히 선한 의도만 가지고 완성되지 않는다. 철저하게 비즈니스 성과에 기여해야 한다.

질투 날 정도로 좋은 기획이라는 생각과 함께 한 가지 아쉬운 생각도 자리했다.

'왜 우리나라에서 이런 기획을 먼저 하지 못했을까? 이미 20년 전에 그 가능성이 열려 있었는데……'

사실 이런 의료기구가 탄생할 토양은 이미 오래전 우리나라에도 마련되어 있었다.

어린 시절 미용실에 가서 자동차 모양 의자에 앉아본 적 있을 것이다. 왜 자동차 모양 의자가 미용실에 있을까? 답은 간단하다. 아이들이 자꾸 움직이고, 사각사각 머리카락을 자르는 가위 소리를 무서워하니까 그 공포감을 줄여주기 위해 만든 의자다. MRI 어드벤처 시리즈와 조금 비슷하다는 느낌적인 느낌이 들지 않는가? GE헬스케어에서 개발한 의료기기를 더 오래전에 개발할 수 있는 모티브가 이미 대한민국 곳곳에 자리하고 있었는데, 그 누구도 이 아이디어를 낚아채지 못했다는 점이 안타까울 뿐이다.

사실 세상에는 어린이를 위한 좋은 기획 사례가 더 많이 있다. 두 가지 사례만 선택해 소개하는 이유는 기획이 너무 거창하거나 기술 집약적일 필요는 없다는 메시지를 전하고 싶었기 때문이다. 달랑 저울 하나로 아이들의 건강 문제를 해결한 기획, 더 빠르고 더 조용한 MRI 기계가 아닌 아이들이 좋아할 디자인으로 놀이기구처럼 만들어서 문제를 해결한 기획. 이 두 기획이 메시지를 전하는 데 가장 적절한 사례라고 생각했다.

기술은 거들 뿐, 기획은 아이디어가 한다.

이번 이야기의 제목은 '어린이의, 어린이를 위한, 어린이에 의한'이었다. 링컨의 유명한 게티즈버그 연설의 'of the people, by the people, for the people'에서 착안했다.

다만, 그 순서를 바꿔 '어린이에 의한by the children을 마지막에 썼다. 가장 중요한 포인트라고 생각하고 방점을 찍고 싶었기 때문이다. 물론 어린이가 직접 하는 '어린이에 의한' 기획은 현실적으로 어렵다. 기획은 기획력이 있고 자원이 있는 어른의 몫이다. 어린이가 될 수는 없지만 철저하게 어린이 입장에서 생각해할 수는 있다. 방법은 간단하다.

어린이의 생각을 어른의 머리로 해석하는 것이 아니라, 어린이의 눈높이에 시선을 맞추고 그들의 생각에 공감하는 '어른이'가 된다면 '어린이에 의한 기획'은 충분히 가능하리라 생각한다.

아이들의 생각에 시선이 머물고 아이들의 생각에 공감하고자 하는 노력이 계속될 때, 대한민국이 "엄마 빨리 학교 가고 싶어", "아빠 병원 또 언제 가?"라는 행복한 외침이 곳곳에서 넘쳐나는, 어린아이가 행복한 나라가 되지 않을까. 세계에서 아이가 가장 행복한 나라가 어디냐는 질문에 '대한민국'이라는 답이 가장 먼저, 가장 많이 나올 날을 기다린다.

"남에 대해 이야기를 하려면
그 사람의 신발을 신고
일주일은 걸어보아야 한다."

– 인디언 슈익스

명언
레시피

이해와 공감의 차이를 아는가?
이해는 머리로 하는 것이고, 공감은 마음으로 하는 것이다.
상대방의 마음에 공감하려면
진짜 그 사람 입장이 돼봐야 알 수 있다.
기획의 타깃, 철저하게 그 사람 눈높이에서 생각하고 기획하자.

노인을 위한
나라는 있다

(**'시크릿 속옷'**)

얼마 전 SNS에서 꽤 흥미로우면서도 충격적인 사진을 본 적이 있다. 어렸을 때 다녔던 어린이집이 요양원으로 바뀌고, 결혼식을 올렸던 웨딩홀이 장례식장으로 바뀌었다는 사진이었다. 오래전부터 말로만 듣던 초고령화 사회가 성큼 다가온 느낌이다. 수명 연장, 출산율 저하, 초고령화는 더 이상 미루거나 회피할 문제가 아니라 적극적으로 고민하고 대처해야 하는 중요한 사회 문제다. 그만큼 아이디어가 필요한 기획의 영역이자 기회의 장이 될 수 있다.

정부를 중심으로 노인 관련 정책이 쏟아지고, 기업이나 기관도 노인을 대상으로 한 상품과 서비스를 출시하고 있다. 노인의 건강과 안전을 위한 각종 시설과 돌봄 서비스, 이동을 지원하는 보조 기구, 각종 영양제 및 의료기기까지, 그 범주나 종류는 상상을 초월한다.

다만 이번에 다루고자 하는 것은 조금은 다른 관점이다. 노인 관련 기획을 할 때, 그들이 '약자'가 아니라 '다수'라는 데 시선이 미쳐야 좋은 기획이 나올 수 있다는 점이다. 흔히 우리는 노인을 약자나 보호해야 할 대상으로 생각한다. 최대한 편안하고 안전하게 삶을 영위할 수 있도록 지원해야 할 대상으로 본다. 물론 나이가 들면 신체적, 정신적 능력이 상대적으로 떨어지기에 안전이나 편의를 위한 지원은 매우 중요하다. 하지만 기획의 방향이 꼭 노인의 편의나 안전에 국한될 필요는 없다. 이와 관련해 아래 두 가지 사례는 귀감으로 삼을 만하다.

먼저, 가장 인상적이었던 사례는 일본의 어느 백화점의 속옷 코너에서 팔고 있는 '시크릿 속옷'이었다. 원어 그대로 해석하면 비밀스러운 속옷이라는 뜻으로 왠지 야한 느낌이 들지만, 사실 시크릿 속옷은 여성 노인용 기저귀를 일컫는 말이다. 다만 '기저귀'라 하면 노인들이 구매나 착용에 거부감을 느낄 수 있기에 존엄성을 갖춘 표현으로 용어를 바꾸었다. 매대 또한 기저귀 코너가 아닌 속옷 코너로 옮겨났다. 남성 노인들을 위한 기저귀는 '스포츠 팬티'라는 이름을 붙여 팔고 있다. 세심한 배려가 느껴지는 부분이다. 아기용 기저귀와 동일한 매대에 즐비하게 늘어서 있는 '노인용 기저귀'와는 위상이 다르다. 똑같은 상품을 만들어 똑같은 대상에게 판매를 하는데도 관점의 차이가 느껴진다.

두 번째 사례는 노인을 대상으로 기획했지만 실패한 경우다. 미국의 유명 식품업체 하인즈는 경쟁사에서 개발한 이유식이 노인들에게 인기가 있다는 소식을 듣고, 10년간의 연구개발 끝에 노인식Food for old people을 세상에 내놓았다. 노인들이 편하게 먹을 수 있도록 재료를 으깨서 통조림에 담은 제품이었다. 물론 이 제품은 가격도 싸고 먹기에도 편리했지만, 노인들에게 철저하게 외면당했다. 그 이유는 이 통조림을 사 먹지 않는 어느 노인의 말에서 확인할 수 있었다.

"왠지 노인식 제품을 사 먹으면 이도 시원치 않고 늙고 병약하다는 걸 인정하는 것 같아요."

노인을 위한 디자인으로 유명한 세계적인 디자이너 퍼트리샤 무어Patricia Moore는 이런 말을 한 적이 있다.

"사람은 누구나 젊은 시절에 즐기던 일상을 나이 들어도 즐기고 싶어 합니다. 이것을 어떻게 가능하게 하느냐가 디자인의 역할이죠."

향후 노인을 위한 기획 방향이 어떤 식으로 전개돼야 하는지 시사하는 바가 크다고 생각한다.

2012년 발매되어 지금까지 큰 사랑을 받는 트로트 가요 〈내 나이가 어때서〉. "야 야 야 내 나이가 어때서 사랑의 나이가 있나요"로 시작하는 노래다. 노인도 사랑하고 싶고, 사랑할 수 있고, 삶을 즐길 수 있는 또 하나의 세대다. 어쩌면 노인이라는 단어부터 수정해야 하는 게 아닐까 싶다.

늙고 싶지 않은 노인의 욕망과 취향, 아직 젊음을 누리고 싶은 그들의 마인드. 노인이라고 해서 다 같은 노인은 아닐 것이다. 그들을 노인이라는 테두리 안에 넣어 하나의 집단으로 취급해야 할 이유는 그 어디에도 없다. 다양하고 풍요로운 그들의 요구를 새로운 관점으로 이해하고 접근할 때, 영화 〈노인은 위한 나라는 없다〉의 시즌 2 〈노인을 위한 나라는 있다〉가 우리나라에서 개봉되는 일이 벌어지지 않을까 싶다.

세상을 지배하는 기획

주류가 주류인 이유

도로 위에 색이 칠해지면
길치도 눈을 뜬다

('노면 색깔 유도선')

예전에 초보운전자를 놀리는 말로 이런 농담이 유행했다.

"끼어들기 못 해서 고속도로 타고 부산까지 간다."

초보운전자의 경우, 옆에서 쌩쌩 달리는 차들 사이로 끼어들기가 여간 겁나는 일이 아니다. 끼어들기에는 어찌어찌 성공했다 하더라도, 두세 갈래의 갈림길 앞에서 동공이 5만 번쯤 흔들리는 고민을 하다가 결국 잘못된 길로 접어드는 경우도 있다. 끼어들기도 힘들고 길을 잘못 들어서 헤맨다는 말을 조금 과장해서 '고속도로 타고 부산까지 간다'고 하는 것이다.

듣는 사람 입장에서는 그저 웃긴 일이고 당사자 입장에서는 서글픈, 말 그대로 '웃픈' 상황이지만, 한국도로공사 입장에서는 꽤 심각한 문제였다. 실제 차가 나가고 들어오는 나들목이나 분기점에서 사고 빈도가 높고, 사망 사고도 자주 발생했기 때문이다.

이 문제를 고민하던 한국도로공사 군포지사장님은 직원들에게 특명을 내린다.

"초등학생도 쉽게 길을 갈 수 있게 대책을 마련해라."

말이야 쉽지 무슨 레고 블록으로 길을 만드는 것도 아니고, 직원들은 답답해서 속이 터질 것 같았으리라. 그 답답함과 지사장님을 향한 원망의 목소리가 여기까지 들리는 듯하다.

하지만 이 문제를 진지하게 고민한 1인이 있었으니, 한국도로공사 군포지사의 윤석덕 차장님이었다. 이분이 기획하고, 설계하고, 직접 실행까지 했던 기획이 바로 현재 대한민국 도로 위를 지배하고 있는 노면 색깔 유도선이다.

대한민국 운전자라면 모를 리 없는 이 유도선은 우측 길로 갈 때에는 분홍색 선을, 좌측 길로 갈 때에는 초록색 선을 따라가도록 설계되어 있다. 가는 방향이 다른 차량들이 도로 위에서 충돌하는 일 없이, 원하는 방향으로 갈 수 있도록 유도해준다. 정확한 통계는 아니지만, 유도선 설치 이후 사고 절감 효과는 약 50%에 달하고, 사고 발생률도 매년 감소하고 있다고 한다.

사실 이 기획이 왜 시도되었고 누가 했는지는 모르더라도 좋은 기획이라는 점에는 모두 공감할 것이다. 그래서 나는 기획 자체의 우수성보다 이 기획을 한 기획자의 탁월함에 대해 이야기해보려고 한다.

첫째, 우연한 기회에서 답을 찾았다. 2011년 이 기획이 세상에 나오기까지 숨은 공로자가 있었다. 바로 기획자 윤석덕 차장님의 아이들이다. 사고 방지 대책 마련으로 고심하던 차장님. 퇴근해서 아이들이 그림 그리는 모습을 물끄러미 바라보고 있는데, 스케치북 위에 칠해진 빨간색, 파란색 선을 보고 갑자기 한 가지 생각이 스쳤다고 한다.

"초등학생도 쉽게 길을 갈 수 있으려면, 초등학생 눈높이에서 생각해야지. 그림을 그리는 것만큼 쉬운 방법이 있을까? 그래, 바로 이거야! 도로 위에 색칠을 하자."

우연한 발견을 놓치지 않은 관찰력은 곧 기획으로 이어졌다. 개인적으로 뉴턴의 만유인력, 아르키메데스의 왕관 부피 측정, 페니실린의 발견 못지않게 세상에 널리 알릴 만한 위대한 '우연에 의한 발견'이 아닐까 생각한다.

둘째, 반대와 저항을 극복했다. 이 기획을 런칭하고 시행하기까지는 숱한 역경과 반대가 있었다고 한다.

"너무 앞서간다."

"법이 정해져 있어 도로에 색을 칠하는 것은 불가

능하다."

"사고율이 더 높아지면 당신이 책임질 거냐?"

어디서 많이 들어본 말들 아닌가? 우리네 상사들이 자주 쓰는 단골 멘트 베스트 오브 베스트다. 사실 상사들뿐 아니라 우리 모두가 자주 쓰는 말은 아닐까 생각한다. '된다, 해보자' 이전에 안 되는 이유 찾기에 바쁘고, 가능 이전에 불가능에만 초점을 맞춘다.

하지만 차장님은 안타까운 사고 피해자를 더 이상 만들지 않겠다는 진정성을 가지고 이 기획을 끝까지 밀어붙였다. 다행히 이 기획을 믿고 지지해준 지사장님의 응원 덕분에 포기하지 않고 실행할 수 있었다.

"만약 잘못돼서 노면 유도선을 다시 지워야 한다면 저랑 반반 부담합시다(웃음)."

리더의 진심 어린 지원과 기획자의 실행 의지가 어우러진 환상의 컬래버 끝에 이 기획이 빛을 볼 수 있었다.

셋째, 일단 작게라도 시작했다. 기획을 시도할 때 사람들이 생각하지 못하는 것 중 하나가 '사람은 기본적으로 변화를 수용하기보다 저항하는 성향이 있다'는 점이다. 새로운 시도, 창의적인 생각 앞에 대부분 망설이고 안 되는 이유부터 찾는다. 그래서 좋은 기획이 설득되지 못하고 사장되는 경우가 많다. 이걸 극복할 방법이 일명

'스몰 석세스 전략'으로, 우선 작게 시행해서 검증하고 성과를 만든 후에 크게 시도한다는 전략이다. 본격적인 기획 이전에 파일럿테스트나 시범 운영 계획을 포함시키는 것이다.

윤석덕 차장님도 이 점을 파고들었다. 우선 인천 지방 경찰청의 협조를 얻어 2011년 5월 3일 대한민국 도로 위에 역사적인 한 줄을 그었다. 처음부터 무리하게 경기 지역에 시행하겠다, 전국에 칠해보자, 라고 접근했다면 지금의 노면 색깔 유도선은 대한민국에 존재하지 않았을 것이다. 하지만 그 시작을 작게 함으로써 대한민국 도로 위 풍경을 바꿀 수 있었다. 시작은 미약하나 그 끝은 창대하리라는 명제를 가장 잘 증명한 대한민국의 기획으로, 세계로 뻗어가는 K-기획이 되기를 기대해본다.

익숙해지고 당연해지면 문제가 보이질 않는다. 누구나 초보운전자일 때가 있었고 비슷한 문제들을 마주했을 것이다. 그때 '이 문제를 해결할 방법은 없을까?'를 고민한 누군가가 있었다면 노면 색깔 유도선은 훨씬 더 일찍 세상에 나올 수 있었다. 안타까운 사고로 목숨을 잃은 사람도 없었을 것이다.

기획은 지금의 익숙함과 당연함에서 한 발짝 내려와 잘 모를 때를 떠올려보는 것에서 출발할 수 있다. '내가 초짜, 초

보였을 때 어떤 불편함과 어려움이 있었을까?'라고 고민
하면서 일명 올챙이 기획을 시도해보는 것이다. 아마 현
재의 나는 보지 못하는 그때의 문제가 새롭게 눈에 들어
올지도 모른다. 그리고 그 지점에서 어김없이 새로운 기
획이 시작되고, 새로운 기회가 생길 것이다.

"누구나 그럴싸한 계획은
가지고 있다.
처맞기 전까지는."

– 핵주먹 마이크 타이슨^{Mike Tyson}

기획은 성공 확률을 높이는 것보다
실패 확률을 줄이려는 노력이 더 중요하다.
실제, 아무리 좋은 기획도 시행 과정에서 생기는 문제 앞에
픽픽 쓰러지는 경우가 많다.
철저하게 시뮬레이션해보고,
파일럿테스트, 시범 운영 등을 통해 검증해야 한다.
검증에 검증을 거듭할 때 기획의 완성도는 높아지고
성공 가능성도 올라간다.

원두막이 있어야 할 곳은
과수원이 아닌 횡단보도 앞

(**'서리풀 원두막'**)

2017년 대한민국의 여름은 뜨거웠다. 가만히 서 있기만 해도 땀이 삐질삐질 흐르고, 잠깐만 이동해도 숨이 턱턱 막히는 무더위가 기승을 부렸다. 에어컨이 나오는 시설은 그나마 괜찮았지만, 실외에서 활동하는 일은 정말 고통 그 자체였다. 특히 길을 건너기 위해 기다려야 하는 횡단보도 앞에서의 시간은 지옥 구덩이에 떨어진 것 이상으로 참기 힘든 고통이었다. 내리쬐는 햇볕에 노면에서 올라오는 지열까지 더해져 무단횡단이라도 하고 싶은 마음이 샘솟았다.

그때였다. 서초구를 중심으로 횡단보도 곳곳에 그늘막이 등장하기 시작했다. 처음 보는 순간 탄성이 절로 나왔던 기억이 난다. 길을 건너려고 대기하는 사람들이 그늘막 아래 서서 더위를 피하는 모습을 보고, 참 좋은 기

무더운 여름날, 횡단보도 앞 대
기 시간을 한결 편안하게 만들
어주는 서리풀 원두막.

획이라는 생각이 들었다.

일단 이름부터 신선하다. 서리풀 원두막이다. '서리풀'은 서초를 뜻하는 순우리말인데 '서초 원두막'이라고 하는 것보다 좀 더 친근한 느낌을 준다. 게다가 '횡단보도 그늘막', '그늘 쉼터'라는 직접적인 표현 대신 원두막이라는 비유적인 표현이 좀 더 엣지 있게 다가온다. 비유는 역시 기획의 핵심이나 콘셉트를 가장 잘 보여줄 수 있는 효과적인 수단이다. 시원함, 그늘, 휴식의 의미를 대표하는 '원두막'에 빗댄 표현이 서리풀 원두막의 기획 의도를 직관적으로 잘 보여준다. 게다가 모양은 또 어떤가? 초록색과 둥근 모양으로 원두막을 형상화했다. 왠지 모르게 진짜 원두막 같다는 생각과 함께 1~2도는 더 시원하게 느껴지는 것은 기분 탓일까?

이 기획은 유행을 넘어 대세가 되었다. 지자체를 중심으로 너도 나도 따라 하기 시작했다. 자체적으로 설치하자는 의견도 있었을 테지만, 시민들의 민원도 있었을 것이다. 자발적으로 시작된 기획과 등 떠밀려(?) 시행한 기획은 그 결과가 조금 다르게 나타났다. 서리풀 원두막을 본 얼마 후 동네에서 요상한 물건이 눈에 들어왔다.

분명 같은 의도로 시행한 기획인데, 느낌이 쎄하다. 왠지 모르게 서리풀 원두막에 비해 초라하고 볼품없

분명 같은 의도로 설치했을 텐
데, 느낌이 다르고 시민들의 사
용 형태도 달랐던 거리 천막.

다. 그때였다. 몇몇 사람들이 삼삼오오 모여 담배를 피우기 시작한다. 졸지에 행복 그늘 쉼터가 아닌 행복 흡연 천국으로 변모했다. 같은 기획이라도 자기 의지로 하느냐, 누가 시켜서 억지로 하느냐에 따라 퀄리티가 달라지고 디테일에서 많은 차이가 난다.

좋은 기획은 이어진다고 했던가? 시민들의 좋은 반응을 등에 업고 이번에는 서리풀 이글루가 등장했다.

원두막이 더위에 지친 시민들의 문제를 해결하기 위한 기획이었다면, 이글루는 시민들의 추위 문제를 해결하기 위해 탄생한 기획이었다.

어떤 기획이든 처음에 시작할 때는 분명 반대가 있다. 사람들의 기본 속성이 변화를 받아들이기보다 거부하고 저항하려는 성향이 강하기 때문이다. 횡단보도 그늘막도 처음에는 이런저런 반대가 있었다고 한다. 도로의 미관을 해친다, 사람들 통행에 방해가 된다, 차량 주행 시야 확보에 거슬린다 등 말도 안 되는 이유가 백만 스물하나는 있었다고 한다.

하지만 시민들의 삶을 좀 더 이롭게 하고자 한 어느 기획자는 끝까지 자신을 믿고 실행하려는 의지로 이 기획을 완성할 수 있었다. 그 덕분에 사람들은 횡단보도 앞에서 잠깐의 행복을 맛볼 수 있었고, 이 좋은 취지가 널

정류장에서 버스를 기다릴 때
잠깐이나마 추위를 피할 수 있
도록 만든 서리풀 이글루.

리 퍼져 지금의 대한민국 거리 풍경을 바꿔놓은 것이다.

기획, 그 시작점에 분명히 격한 반대는 있다. 하지만 이 또한 좋은 기획을 위해서는 감내해야 할 몫이라고 생각한다. 이 과정에서 반대를 극복하기 위한 전략과 아이디어가 더해진다면 내 기획은 더 빛을 발할 수 있다.

기획의 시작점에는 늘 고난과 역경이 함께하지만, 그 끝에는 분명 달콤한 열매가 기다리고 있다. 첫맛이 쓰다고 뱉지 말아야 그 달콤함도 즐길 권리가 생긴다. 첫맛은 쓰지만 끝맛은 달콤한 기획의 맛을 많은 사람이 느낄 수 있었으면 좋겠다.

"틈이 있어야 못을 치는 것이 아니라,
못을 쳐야 틈이 생긴다."

– 웹툰 〈송곳〉 중에서

명 언
레시피

가능성이 보여서 시작하는 것이 아니라,
시작하면서 가능성을 만들어가는 것이 기획이다.
일단 못을 치기 시작하면 그중 분명 하나쯤은 뚫고 나오는 것이
기획의 생리라고 생각한다.
어차피 세상에 정답은 없으니까,
한번 해보고 안 되면 다시 하면 된다.

중고차 판매 시장의 새바람,
이제 토네이도가 되다

('헤이딜러')

경기 침체로 소비 양극화 현상이 매우 빨라지고 있다. 나를 위한 투자에는 과감하게 베팅하면서도 아낄 것은 최대한 아끼는 소비 패턴이 대세다. 명품 시장이나 프리미엄 시장이 주목받으면서 그 반대편에서는 중고 물품 거래 서비스가 속속 등장하는 게 그 예다. 이런 시대의 조류 속에 지난 2014년 중고차 판매 시장에 등장해서 새바람을 일으켰던 '헤이딜러'는 이제 바람을 넘어서 시장을 지배하는 토네이도가 되고 있다.

중고차를 팔아본 사람이라면 누구나 한 번쯤 이런 생각을 해봤을 것이다.

'이거 눈탱이 맞고 헐값에 파는 거 아닌가. 한 푼이라도 더 받고 싶은데 어디서 팔아야 하나? 게다가 절차는 어찌나 복잡한지, 하루 휴가라도 내야 하나?'

이런 고객의 마음을 정확히 파고들어 혜성처럼 등장한 헤이딜러는 자신들의 슬로건을 통해 고스란히 정체성을 드러낸다.

"우리가 바라던 내 차 팔기. 제값 받기 어렵고, 경험도 불편하던 중고차 거래. 헤이딜러가 바꿔나갑니다."

군더더기 없이 깔끔한 회사의 아이덴티티이자 고객에게 던지는 메시지다.

예전에는 중고차를 팔려면 중고차 매장에 방문해 매물을 보여주고, 차량을 검수받고, 딜러가 제시한 가격에 차를 팔아야 했다. 여기에는 심각한 문제가 하나 있었다. 차를 파는 사람들이 자동차에 대해 잘 모르고 정보가 충분하지 않았기 때문에 일방적으로 딜러가 제시하는 가격에 팔 수밖에 없었던 것이다. 내 차를 팔려고 갔는데 본의 아니게 '을' 신세가 되어, 울며 겨자 먹기로 차를 넘겨야만 했다. 좀 더 좋은 가격을 받아보려고 여기저기 발품을 팔아보지만, 크게 달라지는 것은 없었다. 그렇다고 전국에 있는 중고차 매장을 다 찾아갈 수도 없는지라, 딜러가 제시하는 웬만한(?) 가격에 오케이를 하고 돌아서야만 했다.

이런 고객의 문제를 발견하고 기획으로 연결한 기업이 바로 중고차 거래 모바일 플랫폼, 헤이딜러였다. 헤

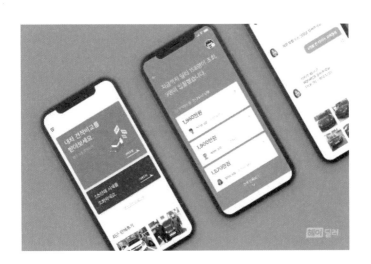

중고차 판매 플랫폼 '헤이딜러'.

이딜러는 모바일 앱을 통해 고객과 딜러를 직접 이어주고, 정보를 투명하게 공개함으로써 중고차 판매 과정에 존재하는 불신과 불안함을 한 방에 날려버렸다. 고객은 앱을 설치하고 차에 대한 기본적인 정보를 입력하는 수고만으로 좀 더 좋은 가격으로 내 차를 팔 수 있게 되었다. 헤이딜러 덕분에 효율적이고 합리적으로 거래할 수 있는 기반이 마련되었고, 중고차 판매 시장에서는 '내 차 팔 땐 헤이딜러'라는 공식이 완성되었다.

이 밖에도 헤이딜러에는 몇 가지 좋은 기획의 요소가 있는데, 이를 세 가지로 정리해본다.

첫째, 간편하고 빠르다. 복잡한 절차 없이, 오직 모바일 앱 하나로 48시간 안에 모든 절차가 마무리된다. 내가 할 일이라고는 가만히 앉아서 견적을 제시하는 딜러의 가격을 모니터링하는 것뿐이다. 48시간 안에 받은 견적 중에 가장 높은 가격을 제시한 딜러와 최종 거래를 하면 되는데, 혹시 원하는 가격이 나오지 않았을 경우 거래를 진행하지 않아도 된다. 게다가 앱을 통한 비대면 거래로 진행되기 때문에 전화 통화나 대면 상황에서 발생할 수 있는 불편함까지 날려버릴 수 있다. 중고차 판매 과정에서 소비자가 받을 수 있는 인지적, 신체적 스트레스를 최소화했다는 데 이 기획의 장점이 있다.

둘째, 서비스 내용을 수치화해서 제시했다. 헤이딜러 홈페이지나 광고를 보면 서비스 내용을 구체적인 숫자를 통해 표현해 명확하게 전달한다.

'시세 조회 3초, 최소 30개 견적, 48시간 내 명의 이전.'

'간편한 시세 조회, 수십 개의 견적 도착, 쉽고 빠른 명의 이전' 등 두루뭉술하고 모호하게 쓴 표현보다 훨씬 힘 있고 명확하게 전달된다. 숫자는 언제나 정확하고 구체적이다. 오해의 여지가 없다. 게다가 직관적이고 선언적이기까지 하면서 강력하게 다가오는 힘을 가지고 있다.

그래서 기획을 하거나 기획서를 쓸 때 숫자를 잘 활용하는 게 중요하다. 예를 들어, 기획의 목표나 성과 부분을 쓸 때 숫자를 활용하면 좀 더 효과적일 수 있다. '인쇄 시간 단축으로 인한 업무 생산성 향상 및 업무 효율 증대'라는 모호한 표현보다 '인쇄 시간 월 20시간 단축, 월 300만 원 비용 절감 효과'가 더 설득력 있게 다가온다.

셋째, 감성 마케팅을 더했다. 지금은 없어진 서비스지만, 헤이딜러 초창기에는 감성 마케팅을 진행했다. 차를 판매하고 약 한 달 정도가 지나면 편지가 배달된다. 말 그대로 추억을 돌려주기 위해 헤이딜러에서 중고차 판매자에게 보내는 땡스 메일이다.

안녕하세요, 차주님,
긴 시간을 함께한 붕붕이를
떠나보내시면서 많이
서운하셨을거예요.
붕붕이를 아끼고 사랑해줄
좋은 새주인을 만나길 바라면서,
붕붕이와의 마지막추억을
돌려드립니다 :)

차를 팔고 난 뒤, 헤이딜러에서
보내준 편지.

어떤 물건이든 그 물건에는 그것을 사용한 사람의 혼이 담겨 있다고 한다. 차를 파는 이유야 제각각이지만, 그동안 정들고 함께한 추억도 많은 내 차를 48시간 만에 후딱 해치우는 것이 조금은 허무하게 느껴질 수도 있다. 헤이딜러는 소소하지만 감동적인 이 편지 한 통으로 그런 고객의 마음까지 놓치지 않고 있었다.

사실 이미 많은 기업에서 땡스 메일이나 해피콜 정도는 기본으로 하고 있다. 하지만 천편일률적이고 형식적으로 느껴지는 감사 인사에 비해, 때 빼고 광낸 차의 사진을 찍어 인쇄하고, 편지까지 써서 보내주는 수고와 노력은 더욱 특별하게 느껴진다. 그 정성 덕분일까? 왠지 모르게 차를 떠나보낸 짠한 마음을 위로받는 듯한 진한 감동을 받았다. 서비스가 종료되는 순간 시작되는 또 다른 서비스로 고객의 마음을 끝까지 잡아두는 효과적인 장치다. 한번 부활시켜볼 만한 서비스라고 생각한다.

지금까지도 잘해왔지만, 헤이딜러는 앞으로가 더 기대되는 회사다. 많은 스타트업이 초반의 성공에 취하고 현재에 안주하며 무너지는 경우가 많은데, 헤이딜러는 좀 더 나은 미래를 만들기 위해 끊임없이 노력한다.

이런 그들의 노력은 헤이딜러 박진우 대표님의 인터뷰에서도 고스란히 나타난다.

"헤이딜러가 바꿔나가는 중고차 시장의 오랜 불편함은 여전히 많은 숙제를 안고 있다. 앞으로도 헤이딜러는 모두가 바라던 중고차 시장을 위한 혁신을 이어나가겠다."

이런 시도의 일환으로 기획된 서비스가 '헤이딜러 ZERO'다. 사실 헤이딜러를 몇 번 이용해보면서 한 가지 불만이 있었는데, 바로 감가에 대한 불편함이었다. 최종 낙찰가격이 2,000만 원이었는데, 딜러가 와서 이곳저곳 보더니 툭툭 던지기 시작한다.

"고객님, 여기 타이어 휠 기스 있네요. 10만 원 뺍니다."

"엔진 누수요. 50만 원 감가요."

감가에 대한 고객의 불만을 해소하고 개선하기 위한 제로 서비스는 또 한 번 헤이딜러의 성장을 견인하는 강력한 도르래가 되어줄 것이다.

마지막으로, 헤이딜러가 더욱 기대되는 이유는 사업뿐만 아니라 안방 살림도 잘 챙긴다는 사실이다. 이 회사가 직원의 만족을 위해 기울이는 노력을 살펴보자. 일단 근무시간부터 남다르다. 공식적인 업무시간은 주 33시간, 점심시간은 70분이라고 한다. 게다가 직원들에게 주문 제작 모션 데스크와 최상급 의자를 제공한다고 하니

엉덩이 붙이고 좋은 기획을 쏟아낼 여건을 갖췄다. 연 2회 휴가비 100만 원 지원, 주 1회 퇴근길 택시 이용 지원 등 다소 파격적인(?) 복리후생까지 제공한다고 하니, 그야말로 일할 맛 나는 회사가 아닐까 싶다.

헤이딜러의 직원을 만족시키기 위한 노력은 여기서 그치지 않는다. 그 대상의 범주를 확장해 딜러들까지 포용한다. '땡스딜러' 캠페인과 '딜러 건강검진 서비스'가 대표적이다. 헤이딜러는 그동안 우수한 활동을 보여준 딜러들을 대상으로 '땡스딜러' 캠페인을 진행한다. 고객 만족도가 가장 높은 딜러를 선정해 상금과 상패를 전달하며, 해당 딜러에게 감사를 표하는 옥외광고를 진행한다. 게다가 헤이딜러는 자사에 등록된 전체 활동 딜러 대상으로 건강검진을 지원한다. 그 인원만 약 8,000명. 비용으로 따지면 최소 5억 정도다.

사실 헤이딜러와 판매 딜러를 심플하게 규정하면 헤이딜러가 '갑', 판매 딜러는 '을'이라고 볼 수 있다. 하지만 헤이딜러는 이들을 단순히 사업을 하기 위해 이용하는 '대상'이 아닌 진정한 '파트너'로 이해했다. 대리점 갑질, 재고 덤핑 처리로 점철된 여느 기업과 비교해봤을 때 귀감이 될 만하다. 빨리 가려면 혼자 가고, 멀리 가려면 같이 가라는 격언을 가장 잘 실천해내며 딜러들과 함께하는 윈윈 플랫폼을 구축했다.

정보가 많은 만큼 가짜 정보도 많고 그만큼 불신이 만연한 시대. 헤이딜러는 그 불신의 한 축을 효과적으로 제거하며 중고차 판매 시장에 한 획을 그었다.

그럼에도 아직 한 가지 문제가 남아 있다. 중고차 '판매'가 아닌 '구매'에 대한 사람들의 불신과 불편이다. SK엔카, KB차차차 등의 플랫폼이 어느 정도 그 역할을 해주고 있고, 자동차 제조사에서도 인증 중고차 제도를 도입하고 있지만 아직 역부족이다. 곳곳에서 벌어지는 중고차 허위매물, 연식 및 킬로수 조작 사기, 가격 부풀리기, 침수차 판매 등 해결해야 할 과제가 산더미처럼 남아 있다.

이 문제를 해결할 좀 더 혁신적인 기획이 필요하다. 그 기획을 시도하는 누군가에게는 분명 커다란 기회가 되지 않을까? 제2의 헤이딜러, '에요 딜러'나 '이봐 딜러' 등이 다시 한번 중고차 시장에 새바람을 일으키기를 기대해본다.

'세탁~ 세탁이 왔어요'의
화려한 부활

('런드리고')

1970~80년대에 만들어졌거나 그 시대를 배경으로 하는 드라마를 보면 동네 길거리에서 확성기를 틀어놓고 사장님들이 영업하는 장면을 볼 수 있다. 세 가지가 단골 소재인데 첫째는 찹쌀떡, 둘째는 달걀, 셋째는 세탁이었다.

"찹쌀떡~ 메밀묵~"은 늦은 밤 간식의 대명사였고, 달걀이 귀하던 시절 "달걀이 왔어요~ 싱싱한 달걀이 왔어요~"는 엄마들을 버선발로 뛰쳐나가게 했다. 집집마다 세탁기가 없던 시절 세탁소 사장님들이 "세탁~ 세탁~" 외치며 동네를 돌아다니고 세탁물을 수거하던 모습은 꽤 정겨운 풍경이었다.

이제 다시는 찹쌀떡, 달걀, 세탁을 외치는 사장님들의 정겨운 목소리를 들을 수 없지만, 이런 서비스를 현대적으로 해석해 런칭한 서비스는 쉽게 찾아볼 수 있다.

사진 출처 : 의식주컴퍼니

세탁물을 수거해 가는 런드리
고의 트럭. '빨래 없는 생활 런
드리고'라는 문구가 쓰여 있다.

그중 세탁의 추억을 화려하게 부활시킨 서비스가 있으니, 바로 비대면 세탁 서비스 '런드리고'다. 런드리고는 밤 10시 전에 세탁물 수거를 신청하면 새벽에 가져가 세탁한 후 다음날 밤 12시 전까지 집 앞으로 세탁물을 가져다주는 서비스다. 한마디로 마켓컬리의 세탁물 버전이라고 생각하면 된다. 바쁜 직장인, 1인 가구 등을 타깃으로 하는 서비스다.

나는 1인 가구는 아니지만, 사업으로 바쁜 와이프가 내 옷 세탁을 본인 옷, 딸 옷에 이어 3순위로 배정하면서 원하는 옷을 제때 입지 못하는 상황이 종종 발생해서 찾게 된 서비스다. 1년간 이용해본 이 서비스의 특징을 세 가지로 정리하면 다음과 같다.

첫째, 정액제 가격으로 저렴하게 이용할 수 있다. 내가 선택한 요금제는 와이셔츠&드라이 62 요금제인데, 한 달에 와이셔츠 20장과 드라이클리닝 5벌을 62,000원에 이용하고 있다. 가격도 저렴한데, 세탁소에 가서 옷을 맡기고 시간 내서 찾으러 가는 수고비까지 감안하면 그야말로 개이득이 아닐 수 없다.

둘째, 또 하나의 옷장 '런들렛'을 이용할 수 있다. 런드리고 서비스에 가입하면 런들렛이라는 작은 옷장을 선물로 준다. 마켓컬리의 퍼플박스와 같은 기능을 하는

런드리고의 '런드렛'. 여기에 맡길 세탁물을 넣어두면 수거해가고, 세탁이 완료되면 다시 여기에 넣어준다.

런드리고는 모바일 앱을 통해
모든 서비스를 제공, 관리한다.

옷장으로, 세탁 맡길 옷을 넣어두면 기사님이 옷장을 통째로 가져가서 다시 세탁이 된 상태로 가져다놓는다. 집 안에 굳이 더러운 세탁물을 보관하고 있지 않아도 된다.

셋째, 비대면 앱을 통한 서비스 관리가 철저하다. 수거부터 세탁, 배송, 기타 특이 사항 등에 대한 모든 정보를 앱 하나로 관리한다. 내 세탁물이 어떤 상태이고, 어떤 서비스를 이용했는지, 정액제 서비스 비용이 얼마 남았는지 등을 한눈에 알 수 있다. 말 그대로 손가락 하나로 세탁 관리가 가능한 세상이 된 것이다.

사실 여기까지는 익히 잘 알려진 부분이다. 이 사례를 통해 말하고 싶은 진짜 이야기는 지금부터다. 우선, 이 서비스를 기획하고 운영하는 의식주컴퍼니 조성우 대표님의 이야기부터 들어본다. JTBC 〈다수의 수다〉라는 프로그램에 출연해서 했던 이야기다.

"미국으로 퇴사 여행을 갔었는데, 제 차 유리창이 다 깨져 있고 노트북을 비롯한 모든 귀중품이 없어진 겁니다. 그런데 재미있는 사실은 도둑이 제 차에 있는 빨래는 그냥 두고 갔다는 거예요. 그래서 가설을 세웠죠. 빨래는 아무도 훔쳐 가지 않는다는. 거기서 고객이 집 앞에 빨래를 두면 수거해서 다시 배송해주는 서비스로 문제를 해결해보자는 생각을 떠올렸어요. 예전에 원룸에서 자취할 때 빨래건조대가 자리를 너무 많이 차지해서 생활할 수 있는 공간이 많지 않았습니다. 그래서 저는 우리가 당연하게 불편을 감수했던 라이프 스타일이 당연하지 않다, 이 문제를 해결해야겠다, 이런 서비스를 만들면 공간이 바뀔 수 있겠다, 생각했고(중략) 그게 지금 런드리고의 시작이었습니다."

'원룸 빨래건조대의 비효율+도둑놈도 안 가져가는 빨래'. 두 가지 경험이 절묘하게 버무려지면서 런드리고가 세상에 나왔다.

흔히들 기획이라고 하면 설문조사를 먼저 하거나, 자료 조사를 하거나, 시장을 분석하거나, 환경 분석을 해야 한다고 생각한다. 하지만 조성우 대표님의 접근은 달랐다. 머릿속에 세운 가설을 믿고, 일단 사업을 시작하고 본 것이다. 물론 사업을 제대로 꾸려나가기 위해 추후 철저한 시장조사를 하고 철두철미한 계획을 세웠겠지만, 그 출발만큼은 가볍게 '툭' 하고 시작한 것이다. 일상의 경험을 가설로, 가설을 사업 시작의 발판으로 삼아 빠르게 시행한 것이다.

혹시 런드리고 대표님이 우리나라 세탁 시장을 분석하고 고객을 인터뷰하느라 시간을 허비했다면, 지금 우리가 이용하는 런드리고가 세상에 나올 수 있었을까? 좀 더 공간 집약적인 건조대나 효율적인 세탁기가 세상에 나오지 않았을까?

조사 이전에 나만의 가설이 있어야 좋은 기획을 할 수 있다. 자료를 찾고 분석하기 전에 일상의 경험을 놓치지 않고, 그 경험을 가설로 연결하는 것이 좋은 기획의 출발점이 될 수 있다.

대한민국은 지금 찾아가는 서비스 열풍이다. '이런 것까지 집으로 가져다준다고?' 놀라움을 자아낼 정도로 생각지 못했던 상품과 서비스가 집으로 찾아오고 있다.

'세차=세차장'이라는 공식을 깨고 세차 트럭이 아파트 주차장에 와서 내 차를 깨끗하게 닦아주고, 넥센타이어는 '타이어 교체=정비소'라는 공식을 깨고 집 앞에서 타이어를 교체하는 진풍경을 연출해냈다. 여기서 한 발 더 나아가 현대자동차는 '캐스퍼'를 온라인으로 판매해서 차를 집까지 가져다주는 서비스로 폭발적인 반응을 이끌어냈다.

이제 더 이상 진료를 받기 위해 병원에 가거나 약을 타기 위해 약국을 가지 않아도 된다. '닥터나우'라는 앱을 이용하면 비대면 진료가 가능하고 약도 배달을 통해 집으로 배송된다. 레스토랑이 집으로 찾아오고, 안경을 맞추러 안경점에 가지 않아도 되는 세상은 이미 우리에게 익숙한 풍경이 되었다.

그동안 직접 가서 사거나 행동해야 하는 서비스를 경험하면서 누구나 시간, 이동, 공간 등으로 불편과 불만을 느꼈던 경험이 있을 것이다. 그 지점에서 잠깐 발길을 멈추고 시선을 던져본다면, 또 하나의 생각지도 못했던 찾아가는 서비스가 탄생할 것이다. 그리고 어김없이 기회가 생길 것이다. 다만 오래 고민하기 전에 일단 빠르게 시작하는 자에게만 주어지는 기회라는 점 또한 잊지 말자.

"만약 제가 사람들에게
원하는 게 뭔지 물었더라면,
그들은 자동차 대신
더 빠른 말이라고 대답했을 것입니다."

– 세계 최초 자동차 개발자 헨리 포드Henry Ford

명 언
레시피

사람들은 일상의 당연함에 익숙해져서
자신이 원하는 것이 무엇인지 모르거나,
그 한계가 명확하다.
고객 수요 조사, 설문조사, 인터뷰 등도 좋지만,
개인의 경험이나 가설에서 기획을 시작해보는 것은 어떨까?
때로는 개인의 직관이 다수의 의견보다 우수할 때가 있다.

거기 누구 불 좀 없소?
더 이상 불은 필요 없다

'아이코스'

강아지가 낯선 장소에 가면 가장 먼저 소변으로 마킹하며 영역 표시를 하는 것처럼, 흡연자들도 새로운 장소에 가면 흡연 장소를 마킹하고 나서야 비로소 심신의 안정을 찾는다. 흡연자들의 행동을 굳이 강아지의 마킹 행위에 비유한 까닭은 요사이 담배를 피우는 이들이 민폐종자를 넘어 '흡연충'으로까지 비하당하는 씁쓸한(?) 현실 때문이다.

그럼에도 흡연권을 꿋꿋이 행사하고 있는 요즘, 다른 이유로 씁쓸해지는(?) 일을 종종 겪는다. 가끔 라이터를 깜박하고 흡연구역에 가는 경우가 있는데, 아무리 찾아봐도 라이터를 빌릴 데가 없는 것이다. 요즘은 일반 담배(연초)가 아닌 전자담배를 피우는 사람이 많아서, 어디 가서 불을 빌리는 것조차 쉽지 않은 세상이 되었다. 그야말로 전자담배 전성시대다.

오랜 기간 함께해온 연초를 등지고 전자담배를 손에 쥐는 사람들의 속사정이야 저마다 다르겠지만, 지극히 주관적인(?) 생각으로 세 가지 이유 때문이 아닐까 싶다.

첫째, 전자담배가 덜 해롭다고 생각해서.

둘째, 와이프 몰래 피우기 위해서.

셋째, 냄새가 덜해 주변에 피해를 주지 않아서.

나 또한 세 번째 이유로 전자담배를 피운 적이 있다. 지금은 다시 일반 담배로 돌아왔지만, 전자담배를 피우던 시절 손이나 옷에서 담배 냄새가 나지 않아 쾌적했던 기억이 있다.

담배를 피우는 사람으로서 그동안 냄새는 가장 큰 골칫거리였다. 흡연하는 이들도 자기 몸에서 나는 3대 냄새인 옷 냄새, 손 냄새, 입 냄새를 싫어한다고 하니 그야말로 냄새는 담배의 원흉이자 제거 1순위 대상이었다. 이때 담배 시장에 '냄새 안녕!'을 외치며 등장한, '불' 대신 전기로 열을 가해 찌는 담배 '아이코스'는 신선한 충격이었다. 흡연자들은 아이폰 이상의 혁신으로 받아들이며 열렬히 환호했다.

'전자업계의 혁신 아이폰, 담배업계의 혁신 아이코스.'

그 안에 담긴 기술이나 기능을 생각해보면 사실 두

가지 제품을 비교한다는 것은 어불성설이지만, 그럼에도 두 제품은 세 가지 공통점이 있다.

첫째, '아이'로 시작하는 제품이다.

둘째, 사람들이 문제라고 생각은 했지만, 정확히 뭘 원하는지 모르는 그 순간 딱 세상에 등장했다. 사람들의 니즈를 창조했다는 점에서 궤를 같이한다.

셋째, 두 제품 모두에 '스캠퍼SCAMPER'라는 발상 기법이 반영되어 있다. 스캠퍼 기법은 오즈번Osborn의 '체크리스트법'을 밥 에버럴Bob Eberle이 새롭게 정립한 창의적 발상법으로, 기존 상품이나 서비스에 변화나 조작을 가해 새로운 것을 만들어내는 방법을 말한다.

SCAMPER는 대체Substitute, 결합Combine, 적용Adapt, 변형Modify·확대Magnify·축소Minify, 다른 용도로 사용Put to other use, 제거Eliminate, 순서나 위치 변경Reverse의 영문 첫 글자를 따서 명명한 기법이다.

예를 들어 대체의 경우, 유리컵을 종이로 대체할 수 없을까 하는 발상에서 '종이컵'이 만들어졌다. 결합의 경우, 청소기와 물걸레를 결합하면 어떨까 하는 발상에서 물걸레청소기가 세상에 나왔다. 적용의 경우, 민들레 홀씨가 날아가는 모습을 보고 낙하산이 세상에 나왔다. 이외에도 스캠퍼 기법을 통해 세상에 나온 다양한 상품과 서비스가 있는데, 일곱 개의 기법 중에 가장 많이 쓰는 기법은 '결합'과 '제거' 기법이다.

- **결합하기:** 복합기, 노래방, 스팀다리미, 털신발 등
- **제거하기:** 무선 제품, 오픈카, 무설탕, 다이슨 선풍기 등

앞서 소개한 아이폰의 경우는 카메라+전화기+인터넷을 '결합'한 제품이고, 아이코스의 경우 담배에서 냄새를 '제거'한 제품으로 설명될 수 있다.

물론 스캠퍼 기법만 있으면 아이폰을 만들고 아이코스를 만들 수 있다는 뜻은 아니다. 스캠퍼 기법이 만병통치약도 아니다. 그럼에도 새로운 상품이나 서비스를 기획할 때 단 일곱 개의 알파벳 S.C.A.M.P.E.R.을 외우는 것만으로 아이폰이나 아이코스와 같은 혁신적인 상품에 대한 모티브를 얻을 수 있다는 점에서 충분히 가치 있는 기법이라고 생각한다.

- 옷에 달라붙는 산우엉 열매 가시를 다른 데 적용할 수는 없을까? 벨크로테이프(찍찍이).

- 책을 읽는 방식을 대체할 수 없을까? 오디오북.
- 믹서기를 거꾸로 하면? 도깨비방망이.
- 기름에 튀기지 않고도 튀김을 먹을 수 있게 기름을 제거하면? 에어프라이어.

혁신은 생각보다 멀리 있지 않다. 가벼운 질문 하나로 시작될 수 있다. 그런 의미에서 세상을 관찰하면서 스캠퍼 질문을 던져보는 것은 어떨까? 세상에 머무는 시선과 스캠퍼 질문이 만날 때 아이폰, 아이코스를 능가하는 '아이○○'가 탄생하지 말라는 법도 없다. 혁신은 그렇게 가볍게 시작되는 것이다.

누구나 알 만한 고전 기획

클래스는 영원하다

펭귄을 날게 하자
동물원이 살아났다

(**'아사히야마 동물원'**)

2018년 가족과 떠난 일본 여행. 많은 것이 인상적이었지만, 내 기억 속에 잊을 수 없는 인상을 새긴 곳이 있다. 마치 아프리카 한복판에 있는 듯한 착각을 일으킬 정도로 강렬하고 생생했던 일본 벳푸의 동물원 '아프리칸 사파리'였다. 이곳은 단순히 우리가 생각하는 동물원이 아니었다. 말 그대로 사파리, 야생 그 자체였다.

일단 시작부터 남다르다. 동물원에서 운영하는 철창버스가 아닌 우리가 타고 온 렌터카를 타고 그대로 야생으로 들어간다. 한국에서는 경험할 수 없는 새로운 경험에 눈이 확 뜨인다. 마치 진짜 아프리카 야생으로 들어가는 듯한 설렘과 함께 공포감도 밀려온다. 철창 속에 갇힌 동물을 철창 밖에서 안전하게 구경하는 것과는 180도 다른 경험을 맛보게 된다. 투어 내내 신기함과 긴장감이

벳푸의 아프리칸 사파리. 직접
운전하는 차를 몰고 야생동물
과 함께 움직이는 것은 정말 색
다른 경험이었다.

공존하며 30분이라는 시간이 어떻게 지나가는지 몰랐다.

그렇게 코스가 다 끝나갈 때쯤 머리 한구석에 아련히 자리잡고 있던 추억의 이름 하나가 떠올랐다. 동물원 업계의 살아 있는 전설이자 혁신의 대명사. 창조경영의 바이블로 꼽히며 삼성전자마저 벤치마킹했던 곳. 아사히야마 동물원이었다.

일본 홋카이도 아사히카와시의 아사히야마 동물원은 1967년 개장 이후 매년 200만 명 이상이 방문하며 승승장구했다. 하지만 그 영광은 그리 오래가지 못했다. 1980년대부터 일본 곳곳에 생기기 시작한 테마파크의 인기에 눌려 관람객이 지속적으로 감소한 것이다. 대세는 일단 따르고 보는 것이 진리라고 했던가. 아사히야마 동물원도 서둘러 놀이시설을 설치하고 과거의 영광을 되찾기 위해 노력해봤지만, 돌아오는 것은 사람들의 외면뿐이었다.

동물원의 위기는 갈수록 심각해졌고, 시의회나 지역 주민의 빗발치는 폐장 요구 속에 동물원 원장과 직원들은 하루아침에 직장을 잃을 위기에 처했다. 절박함은 늘 기회와 맞닿아 있다. 고스게 마사오 원장을 필두로 한 직원들의 필사적인 동물원 살리기 프로젝트가 시작되었다. 이른바 '동물원이 살아 있다' 기획이었다.

약 10년이라는 긴 시간 동안 동물원 원장과 직원들

의 피, 땀, 눈물이 아이디어로 쌓이며 좋은 기획이 되었고, 그 결과 아사히야마 동물원은 과거의 영광을 넘어서 연간 약 300만 명의 관람객이 찾는 관광명소가 되었다. 현재는 세계에서 가장 인기 있는 동물원 중 하나로 거듭났다. 과연 이 동물원에서 무슨 일이 벌어진 것일까? 지금부터 그 기획의 이면을 3 Live로 정리해본다.

첫째, 동물들이 살아 있다.

"동물이 활기도 없고 움직이지 않는다면 그림책과 다를 게 뭐냐?"

아사히야마 동물원 직원들을 자극했던 어느 관람객의 발언이었다. 바로 이 지점에서 기획이 시작되었다. 동물원 원장과 사육사들은 동물원의 본질을 고민하기 시작했고, 원점으로 돌아가 생각했다.

'사람들은 무기력한 동물이나 훈련된 동물 모습이 아니라, 동물의 본능적 습성과 행동을 보고 싶어서 동물원에 온다.'

기존 동물원의 '동물 전시'에서 이른바 '행동 전시'로 발상의 전환이 이루어졌고, 생생한 동물의 모습을 보여주기 위한 작은 시도들이 이어졌다. 나무 위에서 생활하는 오랑우탄을 위해 높은 기둥을 밧줄로 연결한 공중 방사관을 만들고, 낭떠러지를 아슬아슬하게 오가는 염소

아사히야마 동물원의 펭귄 산보.

의 야생성을 보여주기 위해 절벽도 만들었다. 동물과 관람객 간 거리를 최소화하기 위해 바다표범관의 수조를 투명한 아크릴 원통 형태로 만들어 360도 각도에서 바다표범을 만날 수 있게 했다. 매년 눈이 내리는 계절에는 펭귄 산보가 개최되면서 약 1미터 지척에서 펭귄이 뒤뚱뒤뚱 걸어가는 모습을 볼 수 있게 했다.

여러 가지 시도가 이어졌지만, 이 동물원의 시그니처는 2000년에 개장한 펭귄관이다. 이곳에 들어가면 360도 전망의 수중 터널이 있고, 마치 수영하는 펭귄이 머리 위를 날아다니는 듯한 착각을 일으킨다. 동물의 본성 그대로에 충실한 기획이었다. 이 장면을 보고 있으면 자연스레 이런 생각이 자리한다.

'그래, 펭귄은 원래 새였지. 왜 지금까지 아무도 그 생각을 못 했을까? 정말 대단한 발상이다.'

관람객 입장에서 생각하고, 동물 입장에서 고민하고, 업의 본질을 새롭게 정의한 아사히야마 동물원의 살아 있는 동물원 기획은 결국 동물원을 살려냈다.

둘째, 직원들이 살아 있다.

강의 중에 기획서 작성 실습을 하다 보면, 교육생들이 아이디어 부분에 가장 많이 적는 내용 중 하나가 '인원 충원'이나 '홍보 증대'다. 한마디로 돈 쓰자는 말이다.

펭귄관에서 자유롭게 물속을
헤엄쳐 다니는 펭귄들.

물론 사람 더 쓰고 여기저기 홍보를 하면 기획에 도움이 될 수 있다. 하지만 돈으로 해결이 안 되는 것도 있고, 돈 써서 틀어막는 것이 결코 좋은 기획은 아니라고 생각한다. 좀 더 효과적인 기획은 창의적인 아이디어로 돈 쓴 것 이상의 성과를 만들어내는 것이다.

이런 맥락에서 아사히야마 동물원 기획이 더 가치 있는 기획이라고 생각한다. 딱히 예산이 들지 않는 소소한 기획부터 예산이 투입되는 혁신적인 기획까지 모두 직원들의 머리에서 시작해 직원들의 손끝에서 완성되었다. 직원들의 아이디어가 모여 투자 대비 100배 이상의 가치를 만들어냈다.

"동물들이 저만 바라보고 있으니까 관람객들은 동물의 엉덩이만 쳐다보게 되더라고요. 차라리 제가 동물과 관람객 사이에 서면 어떨까요? 그러면 사람들이 동물 얼굴을 볼 수 있잖아요."

"그럼, 중간에 서서 동물의 특성과 행동에 대해 해설을 하면 더 좋겠네요."

"기린 먹이통을 관람석 바로 앞에 설치해볼까요?"

"야행성 동물을 볼 수 있는 '밤의 동물원'도 한번 개장해봐요."

"거대한 터널을 만들어 사람들이 지나가면서 펭귄

이 나는 모습을 볼 수 있게 하면 어떨까요?"

소소한 변화부터 거대한 시도까지 모두 사육사들의 경험에서 나온 아이디어가 밑바탕이 되었다. 이런 시도는 그 근간에 아사히야마 동물원에서 수십 년간 유지되어 온 자발적인 연구회인 '학습회'가 있기에 가능했다. 이 모임을 통해 직원들은 동물에 대한 관찰과 경험, 관람객 피드백, 실패 사례 등을 공유하며 동물원의 발전과 변화를 도모한다. 소소한 변화부터 혁신까지 모두 사육사들의 경험에서 나온 아이디어로 완성된 동물원, 이곳의 미래가 더 기대되는 이유다.

셋째, 디테일이 살아 있다.

아사히야마 동물원은 다른 동물원과 비교해 세 가지가 없는 것으로 유명하다. 앞서 소개한 것처럼 동물을 가두는 철창, 우리, 인위적인 쇼와 같이 살아 있는 동물원 구현에 방해가 되는 요소가 없다. 또한 동물원 내에 프린터로 인쇄한 안내판이 없다. 모든 안내판을 손 글씨로 일일이 작성하는 수고를 아끼지 않아 동물원에 감성과 휴머니즘을 더했다.

마지막으로 동물원에서 냄새가 나지 않는다. 동물원을 생각하면 자동 재생되는 동물 특유의 냄새 및 배설물 냄새가 없다. 관람객들이 동물과 오랜 시간 함께해도 표정이 찡그려지지 않고, 동물에게 다가가는 데 방해가 되는 요소가 없다. 사실 냄새는 동물 관리, 편의 시설, 쇼 등 겉으로 보이는 것에만 집중하면 놓치기 쉬운 소소한 디테일이다. 아사히야먀 동물원은 이런 소소한 디테일조차 놓치지 않고, 기획으로 연결했다. 아사히야마 동물원 기획이 더 단단해 보이는 이유다.

일본 동물원 예찬은 이 정도로 하고, 이제 현실을 돌아볼 차례다. 대한민국의 동물원은 지금 어디까지 와 있을까? 2023년 현재의 동물원은 많이 달라져 있겠지만, 5년 전쯤 서울 모 동물원에서 쌓은 기억은 그리 달갑지 않게 남아 있다. 불러도 불러도 대답 없는 생기 없는 동물, 진동하는 오물 냄새, 관람객들이 무분별하게 투척하는 먹이(?)를 가장한 오물까지 더해진 공간은 다시는 방문하고 싶지 않은 곳이었다. 평생 올 거 오늘 다 왔다는 심정으로 관람객이 발길을 돌리는 그런 공간이었다.

업의 본질을 다시 생각해보고 직원들의 머리에서 나온 아이디어들을 모아본다면 아사히야마 동물원을 능가하는 동물원이 될 수 있다고 생각한다. 언젠가 대한민국 동물원 곳곳에서도 3 Live가 이어지길, 세계 곳곳에서 소개되는 관광명소 중 한 곳이 되길, K-ZOO 또한 한류 대열에 합류하길 그 누구보다 기원한다.

뉴욕시는 어떻게 획기적으로 범죄율을 낮췄나?

('뉴욕시 범죄 예방 기획')

"내가 인마 느그 서장이랑 인마 어저께도 어! 같이 밥 묵고 어! 싸우나도 같이 가고 어! 마 개새꺄 마 다 해쓰!"

대한민국 많은 국민이 익히 알고 성대모사까지 가능한 영화 〈범죄와의 전쟁〉 속 명대사다. 개봉한 지 꽤 된 영화지만 아직까지 그 인기가 식지 않고, 다시 봐도 재미있는 영화다.

영화의 배경은 1980년대. 새롭게 부임한 노태우 대통령은 영화의 제목이기도 한 '범죄와의 전쟁'을 선포하며 모든 공권력과 경찰력을 투입해 조직 폭력배 및 범죄자 소탕에 나선다. 영화의 주요 내용도 이런 범죄와의 전쟁 속에 살아남기 위한 주인공들의 권력 다툼과 배신 등이다. 탄탄한 스토리에 최민식, 하정우, 조진웅 등 당대 최고의 배우들이 출연한 만큼 그 몰입감이 매우 높다. 근데 이 영화를 보면서 한 가지 재미있는 생각이 들었다.

'저렇게 건달들만 다 때려잡으면 범죄가 해결되나?'

범죄 없는 대한민국을 만들고자 하는 신임 대통령은 '범죄 발생 증가' 문제를 '범죄자'의 문제로 정의했다. 그래서 대대적으로 범죄와의 전쟁을 선포하고, '범죄자 검거'라는 해결책을 통해 범죄 발생 증가 문제를 해결하려고 했다.

그런데 '범죄 발생 증가'라는 문제를 전혀 다르게 정의하고 해결한 사례가 미국에 있다. 바로 이번 글의 주제이자, 재임 기간 내내 93%의 높은 지지율을 유지했던 뉴욕 시장 루돌프 줄리아니Rudolph Giuliani의 이야기이다.

1993년 뉴욕 시장으로 부임한 그는 재임하는 동안 뉴욕에서 부정부패를 추방하고, 범죄와의 전쟁을 통해 범죄율을 30년 만에 최저 수준으로 낮춘 시장으로 유명하다. 그가 범죄율을 낮추기 위해 선택한 방법은 영화 〈범죄와의 전쟁〉에서 보여준 방법과는 달랐다. 바로 '범죄 발생 증가' 문제를 새롭게 정의했기 때문이다.

● 발상의 전환

범죄자가 많아서 범죄가 많이 발생한다→범죄가 일어나기 쉬운 환경이기에 범죄가 많이 발생한다.

깨진 유리창 하나를 그냥 방치
하면 다른 유리창도 모두 깨진
다는 이론에 근거해, 줄리아니
시장은 범죄 발생 환경을 개선
하고자 했다. 낙서 금지도 그중
하나.

그가 이런 생각을 떠올린 데는 한 가지 이론이 자리하고 있다. 우리가 잘 알고 있는 '깨진 유리창 이론'이다. 깨진 유리창 이론은 건물의 깨진 유리창을 수리하지 않고 그대로 방치할 경우, 얼마 지나지 않아 그 건물의 다른 유리창도 모두 깨지게 된다는 것이다. 작은 무질서를 방치하면 주변으로 무질서가 확산될 가능성이 크다는 뜻이다. 아무리 사소한 잘못이나 결함이라도 소홀히 하면 치명적인 위험이 될 수 있다는 교훈을 뉴욕시 범죄율 문제에 적용한 것이다.

그는 이 이론을 기반으로 범죄를 줄이기 위해서는 범죄가 일어나기 쉬운 환경을 바꿔야 한다고 생각하며, 환경 미화 및 경범죄 단속에 주력했다. 영화 〈범죄와의 전쟁〉에서 그랬던 것처럼 경찰 인력 증대를 통한 범죄자 검거가 아니라, 소소한 범죄를 예방하고 거리 위의 질서 확립, 환경 개선에 집중했다. 주요 거점에 CCTV를 설치해 낙서와 쓰레기 투기 행위를 단속했고, 소매치기, 무임승차, 신호위반 등 경범죄 단속을 강화해나갔다.

이런 그의 시정에 언론과 대중은 비웃으며 겁쟁이라고 놀려대기도 했지만, 결과는 놀라웠다. 2010년에는 살인, 강도 등의 중범죄가 1990년 정점 대비 75% 줄었다. 문제를 새롭게 정의한 역발상 덕분에 뉴욕시는 범죄 없는 도시로 거듭날 수 있었다.

흔히 우리는 A가 문제라고 생각하면, A를 해결하자는 단선적인 사고에 빠진다. 하지만 줄리아니 시장은 범죄율 증가 문제를 새롭게 정의했다. 이를 통해 범죄가 일어날 수 있는 환경을 개선하자는 역발상을 이끌어냈고, 새로운 해결책을 통해 문제를 해결할 수 있었다. 문제를 새롭게 정의하니, 새로운 해결책이 만들어진 것이다.

● **관점의 전환**

역발상이 새로운 기획을 만든다.

뉴욕에서 줄리아니 시장의 역발상이 범죄율을 낮췄다면, 스웨덴에서 한 기획자의 역발상은 과속으로 인한 사고율을 획기적으로 낮추었다. 본격적인 이야기에 앞서 먼저 한 가지 질문을 해본다.

"과속 방지를 위한 해결책으로 어떤 것이 있을까?"

듣지 않아도 어떤 답변이 나올지 예상이 된다. 대부분 과속 방지 카메라, 경고 문구, 방지턱이라고 대답하지 않았을까? 어쩌면 당연한 일이고, 그게 효과적일 수도 있다. 그런데 스웨덴의 어느 기획자는 이 문제를 새롭게 정의하고 역발상을 통해 창의적인 기획을 세상에 내놓았다. 일명 '스피드 로또', 우리말로는 '과속 방지 복권'이다.

스웨덴의 '스피드 로또'. 제한
속도를 지키면 '엄지 척!'과 함
께 자동으로 복권에 응모된다.

스피드 로또는 지금까지와 전혀 다른 접근을 한 과속 방지 시스템이다. 예를 들어 규정 속도가 30km/h인 곳에서 차량이 30km/h 이하로 지나가면 파란색 손가락이 올라가면서 기분 좋은 칭찬을 해준다. 또한 이 차량의 번호는 자동으로 복권에 응모되고, 한 달에 한 번 추첨을 통해 상금을 받을 기회까지 주어진다. 규정 속도를 지키는 것만으로 칭찬받고 상금 획득 기회까지 얻는 것이다.

보통 과속 방지를 위한 해결책으로 '부적 강화 negative reinforcement' 방식을 적용한다. 사람들의 부정적인 행동에 대해 처벌이나 벌금과 같은 부정적인 경험을 제공하여 그 행동을 못 하게 하는 방식이다. 하지만 스피드 로또의 경우, 기존 방식과는 반대로 '정적 강화positive reinforcement' 방식을 적용했다. 긍정적인 행동에 대해 보상이나 칭찬과 같은 긍정적인 경험을 제공해 더 많은 사람이 그 행동을 하게 만드는 방식이다. 기존의 방식이 잘못된 행동(과속)을 줄이려는 접근을 한 기획이었다면, 스웨덴의 경우는 잘하는 행동(정속)을 늘리려는 기획을 한 것이다. 지금까지의 방식을 정확하게 반대로 뒤집었다는 데서 이 기획의 창의력이 돋보인다.

그 효과 또한 놀라웠다. 스웨덴 도로안전처에 따르면, 스피드 로또 도입 이후 스톡홀름 내 차량 평균 속도가 이전 대비 22% 감소해 실제로 효과가 있었다고 하니, 한 마디로 님도 보고 뽕도 따는 기획이 아니었나 싶다.

마지막은 네덜란드 어느 교통공학자의 기획 이야 기다. 개인적으로 가장 충격을 받았던 역발상이었다. 역 시 질문 하나로 시작해보자. 왕복 4차로 사거리에 신호등 이 없다면 무슨 일이 벌어질까?

"말이 돼요?"

"교통이 마비될 거 같은데."

"사고 나겠죠."

그런데 실제 왕복 4차로 사거리에 신호를 없앤 기 획자가 있었다. 도로 위에 신호를 없애고 오히려 사고율 을 낮춘 네덜란드의 회전교차로 기획자, 한스 몬데르만 Hans Monderman이다. 그는 사거리에서 교통사고가 많이 벌 어지는 문제를 고심하다가, 거리에 나가 운전자와 보행자 들을 관찰하기 시작했다. 그러던 중 놀라운 사실 하나를 발견했는데, 운전자와 보행자 모두 신호에만 의지해 주행 하고 보행한다는 점이었다. 주변을 살피거나 다른 차들과 사람들의 움직임은 신경 쓰지 않고, 오롯이 신호에만 의 지해 행동하고 있었다. 이 관찰은 한 가지 깨달음으로 이 어졌다.

'어쩌면 신호체계가 있어서 사고가 더 발생하는지

신호등을 없애고 회전교차로
를 만들자, 사고가 확연히 감소
했다.

도 모르겠다. 신호를 없애고, 대신 회전교차로를 만들어 주변을 살피도록 만들자.'

결과는 놀라웠다. 2007년 평가에 따르면 회전교차로를 도입하기 전과 후의 사고 건수가 9년 동안 75건에서 2건으로, 사람이 다친 일은 모두 17건에서 1건으로 줄었다. 신호 대기 시간이 사라짐과 동시에 교통 흐름도 원활해져 교통 정체가 절반으로 줄어들었다고 한다.

신호만 보고 달리던 자동차들이 걷는 사람들을 보기 시작했고, 걷는 사람들도 주변 차량의 움직임에 주의를 기울이면서 오히려 사고가 줄어들었다. 회전교차로 이전에는 모두 신호만 보고 움직였다. 파란불이면 가도 되고 빨간불이면 멈추면 그만이었다. 그런데 신호가 없어지자, 내가 아닌 주변을 살피게 되어 오히려 좋은 결과로 이어졌다. 대단한 역발상이자 창의적인 기획이라고 생각한다.

최근 대한민국에도 혁신도시를 중심으로 회전교차로가 많이 생기고 있다. 강의하러 자주 방문하는 원주, 나주 등의 도시에 가면 유난히 회전교차로가 많이 보이는 이유도 혹시 이 기획을 적용해서가 아닐까 생각해본다. 좋은 기획은 언제나 영향력을 가지고 확대되니까 말이다.

기획은 그 안에 어떤 문제의식을 담느냐에 따라 방향이

달라진다. 기획 의도나 관점을 달리하면 기획의 방향이 바뀌고 해결책이 달라질 수 있다. 이것을 가장 극명하게 보여주는 사례가 뉴욕시, 스웨덴, 네덜란드의 기획 사례이다. 같은 듯 다른 문제의식의 차이가 결국 기획의 방향을 결정하고 좀 더 창의적인 결과물을 만들어냈다.

역발상을 통한 기획이 더 효과적이라고 말하려는 건 아니다. 이전의 방식이 더 좋을 수도 있다. 다만 문제의식을 달리 가져가면 새로운 기획이 보인다는 말을 전할 뿐이다.

늘 하던 대로, 늘 문제라고 생각한 대로 기획을 진행하면 세상에는 그저 그런 기획만 난무할 것이다. 새로움이 창조되지 않는다. 새로움은 문제를 새롭게 정의하는 역발상을 통해 태어난다. 사람들이 당연하다고 생각하는 것을 당연히 여기지 않고, 문제를 바라보는 기존의 시각과는 차별화된 시각을 제시하는 데서 새로움이 생겨난다. 그리고 그 새로움을 발견하고 제안하는 사람에게는 분명 기회의 문이 열릴 것이다. 그러니 앞으로 어떤 문제 앞에서 이렇게 고민해보는 것은 어떨까?

"그게 진짜 문제 맞아?"

"다른 관점에서 생각해보면 어떨까?"

시작을 영화 명대사로 했으니, 마무리도 영화 명대

사로 한다. 역시 고전의 반열에 오른 영화이면서 지금까지 사랑받는 영화 〈올드보이〉의 대사이다.

"당신의 진짜 실수는 대답을 못 찾은 게 아니야. 자꾸 틀린 질문만 하니까 맞는 대답이 나올 리가 없잖아. '왜 이우진은 오대수를 가뒀을까?'가 아니라 '왜 풀어줬을까?'란 말이야. 자, 다시. 왜 이우진은 오대수를 딱 15년 만에 풀어줬을까~요?"

"미친 짓이란,
매번 똑같은 행동을 반복하면서
다른 결과를 기대하는 것이다."

– 아인슈타인

명 언
레시피

사람은 기본적으로 매번 생각하던 대로 생각하고,
익숙한 선택을 한다.
하지만 그 끝에 남는 건 편안함과 정체일 뿐,
새로움과 성장은 이루어지지 않는다.
때로는 가끔은 엉뚱한 생각, 낯선 행동이
득이 되기도 한다.

기념관 외벽이 부식되면
왜 직원들이 야근을 할까?

'제퍼슨 기념관 기획'

영국이 인도를 식민 통치하던 시절, 인도에는 맹독성 코브라가 사람을 물어 죽이는 일이 잦았다. 이 문제로 골머리를 앓던 영국 총독부는 코브라를 퇴치할 해결책을 내놓는다. 코브라를 잡아 오면 한 마리당 일정 금액의 포상금을 지급하기로 한 것이다.

시행 초기에는 사람들이 코브라를 잡아 오면서 코브라 개체 수가 줄어들기 시작했다. 총독부의 기획이 통하는 듯싶었다. 그런데 시간이 지나자 코브라 개체 수가 다시 늘어났다. 당연히 코브라로 포상금을 타 가는 사람들의 수도 함께 늘어났다. 돈은 돈대로 쓰는데 코브라 개체 수는 기하급수적으로 늘어나는 기이한 현상 앞에 총독부가 조사를 시작했고, 곧 사건의 전말이 밝혀졌다.

사람들이 포상금을 타기 위해 코브라를 사육하기

시작한 것이다. 포상금 정책을 펼치기 전보다 코브라 개체 수가 늘어난 것은 당연한 결과였다. 정말 재미있는 일 아닌가? 문제를 해결하려고 시도한 기획이 오히려 문제를 키우는 꼴이 되었으니 말이다. 이때부터 문제 해결을 위한 기획이 미봉책에 그치거나, 예상치 못한 부작용을 초래하며 사태를 악화시키는 현상을 가리켜 '코브라의 역설cobra paradox'이라고 한다.

포상금 정책 이전에, '왜 코브라가 증가할까? 코브라의 먹이가 되는 쥐가 많네. 왜 쥐가 많지? 마을 청결이나 위생 문제 때문은 아닐까? 왜 마을이 더럽지?' 등 '왜'라는 질문을 통해 좀 더 깊이 파고들어서 본질에 다가가려고 노력했다면, 코브라 사육이 인도의 트렌드가 되는 현상은 발생하지 않았을 것이다. 오히려 마을 대청소를 통해 돈 한 푼 안 들이고 문제를 해결할 수도 있었을 것이다.

이처럼, '왜'라는 질문을 반복하면서 현상 이면에 숨겨진 본질, 근본, 진짜 문제를 발견하는 기법을 '5Why'라고 한다. 꼭 5번이 아니더라도 집요하게 '왜?'라고 물으면서 보다 깊숙한 곳에 숨겨진 진짜 문제를 찾는 것이다.

방법은 간단하다. 왜 이런 문제가 생겼지?→A 때문에 →A는 왜 벌어졌지?→B 때문에→B는 왜 발생한 건데?

5Why 기법으로 외벽 부식 문제
를 해결한 제퍼슨 기념관.

등 꼬리에 꼬리를 물며 질문과 대답을 반복하는 것이다.

이런 5Why 기법을 통해 기발하게 문제를 해결한 사례가 있으니, 유명한 고전 사례이자 직장인들이 극도로 혐오(?)하는 기획, '제퍼슨 기념관 기획'이다.

언제부턴가 제퍼슨 기념관 외벽이 심하게 부식되는 일이 발생했다. 기념관장은 전체 보수 공사를 시도하려다 비용이 만만치 않음을 깨닫고, 컨설팅 전문가에게 자문을 구했다. 그 전문가는 기념관장에게 5Why 기법을 제안했고, 결국 기념관은 직원들의 희생(?)을 통해 이 문제를 해결할 수 있었다. 게다가 최소한의 비용으로 말이다. 과연 무슨 일이 있었던 것일까? 제퍼슨 기념관의 5Why 기획 속으로 들어가보자.

Why 1. 왜 벽이 빨리 부식되는가?
→세제로 외벽을 너무 자주 닦는다.
Why 2. 왜 잦은 청소를 하는가?
→비둘기 배설물이 많이 쌓인다.
Why 3. 왜 비둘기가 많이 오는가?
→비둘기의 먹이인 거미가 많기 때문이다.
Why 4. 거미가 왜 많이 모이는가?
→거미의 먹이인 나방이 많기 때문이다.

Why 5. 나방이 왜 많이 모이는가?

→기념관 직원들이 해가 지기 전에 퇴근해서 다른 건물들보다 두 시간 일찍 전등을 켜기 때문이다.

기념관 벽 부식이 직원들의 조기 퇴근 때문이라고? 언뜻 보면 전혀 관련 없어 보이는 두 가지 사실이 5Why를 통해 극적으로 연결되었고, 기념관은 직원들에게 야근 수당을 지급하는 것만으로 이 문제를 효과적으로 해결했다. 물론 야근해야 하는 직원들 입에서는 볼멘소리가 나왔겠지만, 외벽 전체 공사 비용의 1/100도 안 되는 금액으로 문제를 해결한, 고전 기획의 명장면 오브 명장면이라고 생각한다.

회사 일을 하다 보면 종종 상사들이 이런 요청을 해오고는 한다.

"뭔가 새로운 것 좀 없어?"

"창의적인 기획 좀 해 와봐."

하지만 상사의 요청에 고민의 깊이만 더해질 뿐, 뾰족한 수가 떠오르지 않는다.

'새로운 게 뭐가 있다고.'

'어떻게 창의적인 기획을 해?'

이때, 스스로에게 한 번쯤 자문해보기 바란다. 나는 과연 몇 번이나 'Why?'라고 질문을 했는지 말이다.

'왜?'라고 여러 번 반복해서 묻는 습관을 통해 본질에 가까이 다가가면 진짜 문제가 보이고, 근본적으로 문제를 해결할 수 있는 통찰을 얻을 수 있다. 해결책의 깊이나 방향이 달라지고 창의적인 기획이 탄생할 수 있다. 현상이 아닌 본질에 머무는 시선이 쌓일 때, 세상은 창의적인 기획으로 넘쳐날 것이다.

서점이 책을 팔지 않을 때
벌어지는 일

(**'츠타야 서점'**)

IT, AI, 핀테크, 항공우주산업처럼 오늘날 각광받는 산업이 아님에도 요사이 주목받는 기업 '츠타야'. 그 시작은 동네 작은 서점이었지만 지금의 츠타야는 작은 서점이 아니고, 단순히 책을 파는 공간도 아니다. 그들은 스스로를 '문화 기획사Culture Convenience Club'라 부르며, 라이프 스타일과 관련된 모든 것을 세일즈하는 회사로 성장했고, 세계가 주목하는 기업이 되었다.

일반적인 서점에 가면 로마의 건축 관련 책과 로마의 음식 관련 책이 각기 다른 곳에 전시되어 있다. 분야가 다르기 때문이다. 그런데 츠타야 서점에는 이 두 가지 책이 한 공간에 전시되어 있다. 로마에 여행을 가고자 하는 사람에게 라이프 스타일을 제안하기 때문이다. 노란색 섹션에 가면 노란색과 관련된 책이나 잡지뿐만 아니라 노란색 장화나 노란색 옷을 함께 판다. 봄이면 노란색 꽃이 함께할 수도 있다. 한마디로 노란색과 관련된 총체적인 경험을 할 수 있도록 설계한 것이다.

어떻게 이런 일이 가능할까? 츠타야의 창업주 마스다 무네아키의 말에서 그 답을 찾아본다.

"서점의 위기는 서적을 판매하기 때문에 발생한다. 서점은 생활 제안을 팔아야 한다."

그들의 비즈니스가 무엇이고 그들의 배틀필드(경쟁의 범주)가 어디인지 잘 보여주는 한마디라고 생각한다. 츠타야는 자신들의 비즈니스를 '책이 아닌 라이프 스타일을 파는 것'으로 새롭게 정의했다. 경쟁의 범주를 넓히고 업의 본질을 다시 생각했기 때문에 세계적인 기업으로 거듭날 수 있었다.

츠타야가 경쟁의 범주를 서점으로 한정하고 자신들의 비즈니스를 '책을 파는 일'로 정의했다면, 지금의 츠타야는 존재하지 않았을 것이다. 여느 서점들과 마찬가지로 변화의 소용돌이에 묻혀 역사의 뒤안길로 사라졌을지도 모른다. 하지만 그들은 비즈니스를 책을 파는 서점이 아닌, 사람들이 머무르고 시간과 지식을 향유하는 공간으로 재정의하고 경쟁의 범주를 확장했다. 경쟁의 범주를 넓히고 보니 당연히 새로운 문제들이 눈에 들어오기 시작했을 것이다. 그것을 하나하나 해결해나간 츠타야는 단순한 서점이 아니라 공간 비즈니스, 나아가 라이프 스타일 비즈니스로 확장되었고, 일본을 넘어 세계에서 주목받는 기업으로 성장할 수 있었다.

- 나이키의 경쟁자는 닌텐도다.
- 이케아의 경쟁자는 에버랜드다.
- 하남 스타필드의 경쟁자는 야구장이다.

모두 같은 맥락이라고 생각한다.

산업 간 경계가 무너지고 전방위적 경쟁이 펼쳐지는 시대에 경쟁의 범주를 산업 간 경쟁으로만 한정하면 성장하기 쉽지 않다. 물론 동종 업계에서 최고가 되려는 노력은 당연한 일이지만, 그 당연함을 넘어 좀 더 넓은 시장에 시선을 둔다면 새로운 가능성이 생겨날 수 있다.

나이키가 현재의 성공에 안주하고 자신들의 경쟁 범주를 운동화나 스포츠용품 시장으로만 생각했더라면 지금의 나이키 왕국이 가능했을까? 오락 시장, 나아가 사람이 시간을 소비하는 시장까지 확대해나간 그들의 노력이 없었다면, 지금 우리 발에는 뉴발란스나 휠라 신발이 더 많이 신겨져 있을지도 모른다.

그런 의미에서 OTT 플랫폼의 강자, 콘텐츠 왕국 넷플릭스의 경쟁자는 라면회사가 아닐까? 아니, 좀 더 정확하게 말해서 "라면 먹고 갈래?"라는 말이 의미하는 행위가 경쟁 대상이 아닐까? 경쟁의 범주를 콘텐츠가 아닌 '여가시간 점유율'이라고 정의한다면 충분히 가능한 해석이라고 생각한다.

지금 내가 기획하는 상품이나 서비스의 배틀필드는 어디일까? 경쟁의 범주를 넓혀서 생각해보면 어떨까? 좀 더 새로운 문제가 눈에 들어오고 창의적인 기획을 시작할 수 있는 발판이 마련될 것이다.

"코카콜라의 위胃 점유율은
얼마인가?"

– 코카콜라 CEO 로베르토 고이수에타Roberto Goizueta

명언
레시피

매번 전략회의 때마다
경쟁사인 펩시와의 시장점유율만 운운하는
코카콜라 임원들에게 일침을 가하며,
경쟁의 의미를 재해석해보라고 한 말이다.
경쟁의 범주를 확대해서 보면
그 안에 새로운 문제가 보이고 새로운 가능성이 보인다.
그곳에 어김없이 기획의 기회가 숨어 있다.

스티브 잡스 보고 있나?
잡스보다 주영

'정주영 회장 보리싹 기획'

스마트폰도 게임기도 없던 어린 시절, 그나마 할 수 있는 놀이는 몸을 써서 하는 놀이였다. 공 하나 들고 운동장에 나가서 하루종일 공을 차거나, 구슬치기, 비석치기, 말뚝박기 등을 하며 놀았다. 하지만 비라도 오는 날이면 그마저도 불가능했다. 하늘을 원망하며 집 안에서 쌀보리 같은 놀이를 하면서 시간을 보내야만 했다.

쌀보리 게임은 수비자가 양손을 벌리고 있으면, 공격자가 수비자 손 사이로 주먹을 왔다 갔다 하며 잡히지 않는 게임이다. '보리'라고 말할 때는 잡지 않고, '쌀'이라고 말하는 순간 잡아채야 승리한다.

자연스레 수비자의 정신은 '보리'가 아닌 쌀에 집중된다. 보리, 보리, 보리, 끊임없이 이어지는 보리의 물결은 하찮게 느껴지고, 쌀만 소중하게 느껴진다. 그렇게 보리는 놀이에서조차 천대받는 단어가 되었다. 음식에서도 마찬가지다. 지금에 와서야 별미로 먹는 음식이 보리밥이지만, 예전에는 쌀이 귀해서 어쩔 수 없이 먹어야만 하는 음식이었다. 시대를 묘사하는 표현인 '보릿고개'에도 가난한 시절을 나타내는 부정적인 의미가 담겨 있다.

어딜 가도 인정받지 못하는 보리, 하지만 그 보리로 사업을 일으키고 억만장자가 된 이가 있으니, 바로 현대그룹의 창업주 정주영 회장이다.

때는 6·25전쟁이 한창이던 1952년 12월, 미국 아이젠하워Eisenhower 대통령이 부산에 있는 UN군 묘지를 방문한다는 소식이 전해지면서, UN군 관련자들이 분주해지기 시작했다. 군대에 사단장만 떠도 산이 하나 만들어지고 부대 전체가 광택 클리닝이 되는데, 대통령 방문이라니. 보지 않아도 급박하게 움직이는 UN군 관계자들의 모습이 절로 떠오른다. 대통령 방문 며칠 전 대부분의 문제는 어찌어찌 해결했는데, 휑하게 흙으로만 덮여 있는 묘지의 쓸쓸함만큼은 난공불락이었다. 강물도 얼어붙고 길거리에 잡초 하나 없는 엄동설한에 묘지에 깔 잔디를 구하기 힘들었기 때문이다.

아무리 머리를 굴려도 답이 나오지 않았다. 페인트를 가져다 쏟아붓고 싶은 심정이었다. 한국의 조경업체

및 건설사에 의뢰해보았지만, 돌아오는 답은 죄다 '불가능하다'였다.

그런데 불굴의 도전정신을 가진 정주영 회장의 접근 방식은 남달랐다. 먼저 정 회장은 잔디를 깔아달라는 요청에 한 가지 질문을 했다.

"왜 묘지에 잔디를 깔려고 하는 것인가요?"

군의 답변은 간단했다.

"뻔한 걸 왜 물어요? 묘지를 쓸쓸하지 않게, 푸르게 보이게 하기 위해서죠. 답답한 양반 같으니."

정 회장은 재차 질문을 한다.

"잔디를 까는 게 핵심이 아니라, 묘지를 푸르게 보이게 하는 게 핵심이네요. 잘 알겠습니다."

그렇게 며칠 뒤, 정주영 회장은 UN군 관계자들의 입이 떡 벌어질 정도로 완벽하게 푸르디푸른 묘지 조경을 완성했다. 겨울에 싹을 틔워서 푸르게 보이는 보리싹을 구해와 잔디 대신 깐 것이다. 그 이후 미 8군에서 발주하는 모든 공사는 정주영 회장이 도맡아서 진행하게 되었다. 그렇게 현대건설은 승승장구했고, 지금의 현대그룹을 일굴 수 있었다.

이 사례는 이미 대중에게 많이 알려진 이야기라 더 이상의 자세한 설명은 생략하고, 대신 두 가지 시사점을

정주영 회장은 한겨울에도 묘
지가 푸르게 보일 수 있게, 겨
울에 발아한 보리싹을 가져다
묘지에 심었다.

정리해본다.

먼저, 정주영 회장은 소소한 질문 하나를 아끼지 않았기에 이 문제를 해결하고 공사를 수주할 수 있었다. 바로 '왜'라는 질문이다. 보통은 "잔디 좀 깔아주세요"라는 요청을 받으면 '된다, 안 된다'라는 생각의 틀에서 벗어나지 못한다. 그 누구도 '왜 잔디를 깔아달라고 하지?'라고 생각하거나 질문하지 않는다. 표면적인 현상에 매몰되어 본질을 보지 못하는 것이다. 하지만 정주영 회장은 이 소소한 질문 하나를 아끼지 않았기에 UN군의 요청 이면에 숨겨진 본질을 발견할 수 있었고, 그 본질에 집중했기에 기회를 만들어낼 수 있었다.

비슷한 예로 드라마 〈재벌집 막내아들〉로 제2의 전성기(?)를 누리고 있는 이병철 회장도 일을 추진할 때마다 매사에 "와? 뭐꼬? 우짜꼬?"라고 묻는 분이셨다고 한다. 정주영, 이병철 회장 모두 '왜?'라고 묻는 분이었다고 하니, 다시 한번 '왜'가 '왜' 그토록 중요한지 실감할 수 있다.

두 번째 시사점은, 99% 불가능한 상황에서도 1%의 가능성을 발견하기 위한 그의 의지라고 생각한다. 어떻게든 문제를 해결하려는 의지가 있었기에 '왜'라는 질문도 할 수 있었고, 치열하게 고민한 끝에 창의적인 대안을 찾을 수 있었다고 생각한다. 어쩌면 우리 뇌도 '될까?'라는 신호에는 반응하지 않고 '된다!'라는 신호에 비로소 회로를 가동하는 것은 아닐까.

고장난명孤掌難鳴이라는 사자성어가 있다. 한 손바닥만으로는 소리가 나지 않는다는 뜻이다. 두 손바닥이 만나야만 소리가 난다. 기획도 마찬가지다. 탁월한 아이디어 하나만으로는 절대 소리가 나지 않는다. 아이디어를 뒷받침하는 실행 의지가 함께해야 '성과'라는 소리를 만들어낼 수 있다. 둘 다 중요하지만, 좀 더 중요한 것을 꼽으라면 실행 의지라고 생각한다. 이미 와 있는 '아이디어'에 머뭇거리는 두 번째 손바닥 '실행 의지'가 좀 더 어렵기 때문이다. 머릿속으로 생각하는 건 누구나 할 수 있지만, 행동으로 옮기는 것이 어려운 탓이다.

세상 그 어느 때보다 편리하고 안정적인 지금 시대. 어쩌면 그 안정과 편안함 사이로 몸을 숨기고 현실에 안주하고 있던 것은 아닌지 자문해본다. 현실적인 어려움 앞에 '할 수 있다'라는 생각보다 '할 수 있을까?'를 너무 많이 앞세우지 않았던가 반성해본다. 어려운 상황 속에서도 늘 "이봐, 해보긴 해봤어?"라고 물으셨던 정주영 회장님의 말씀이 그리워진다.

"안 된다고 생각하면 핑계를 찾고,
된다고 생각하면 방법을 찾게 된다."

– 드라마 〈낭만닥터 김사부〉 중에서

명언
레시피

우리는 생각한 대로 행동한다고 믿지만,
결국 그 생각을 움직이는 것은 마음이다.
마음먹기에 따라 뇌가 스위치를 켤지 말지를 결정한다.
좋은 기획을 하고, 기획을 성공시키고 싶다면
그 어떤 생각보다 먼저 해야 할 생각은
'그래 된다, 해보자'가 아닐까?

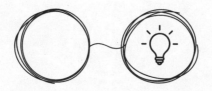

내가 회사에서 했던 기획

나도 한때는 기획자였다

우연한 발견에서 시작한 기획,
나의 위대한 기획 유산

'포토 앤드 키즈'

캐논이라는 카메라 회사에 다니던 직장인 시절. 가끔 내 손에는 대포 카메라를 들고, 꼬맹이였던 딸아이 손에는 조그만 디지털카메라를 들려 수족관이나 박물관에 가고는 했다. 꼬맹이는 이런저런 시답잖은 것을 찍어대고, 나는 그런 꼬맹이의 사랑스러운 모습을 카메라에 담았다.

수족관이나 박물관 등에는 꼬맹이와 비슷한 또래의 아이들이 많이 오곤 했는데, 그 아이들도 사진 찍는 걸 꽤 즐기며 하고 있었다. 다만 카메라가 아닌 핸드폰으로 찍고 있었다. 그런 아이들을 유심히 보고 있는데, 그 핸드폰에서 방정맞은 알림음이 터져 나왔다.

"깨톡, 깨톡, 깨톡."

엄마 단톡방에 봇물이 터진 듯싶다. 아니나 다를까, 엄마가 아이를 향해 이렇게 소리친다.

"이제 그만 엄마 핸드폰 내놔. 엄마 써야 해."

신나게 사진을 찍던 아이 손에서 핸드폰이 사라지고, 아이는 동공지진 백만 번, 금세 울음이라도 터뜨릴 것만 같다. 조용히 고개를 들어 우리 꼬맹이를 부러운 듯 응시한다. 그때였다. 그 아이의 슬픈 표정을 보면서 불현듯 한 가지 생각이 내 머릿속을 스쳐 지나갔다.

'애들도 사진 찍는 거 좋아하고, 표현하고 싶은 욕구가 있는데…… 왜 애들이 자유롭게 사진 찍을 수 있는 도구나 기회는 없는 것일까?'

그리고 이런 생각은 곧 기획으로 이어졌다.

'아이들 손에 핸드폰 카메라가 아닌 진짜 카메라를 쥐여주자. 음악, 미술, 체육 활동뿐만 아니라 사진은 아이들의 표현 욕구를 충족할 가장 강력한 대안이 될 수 있지 않을까?'

이렇게 출발한 기획의 프로젝트명을 '포토 앤드 키즈'라고 짓고, 어린이 전용 키즈 카메라와 어린이들을 위한 사진 교실로 구체화해서 빠르게 실행에 옮겼다.

제조회사가 아닌 판매회사라는 한계로 직접 카메라를 제조할 수는 없었지만, 타 브랜드와의 협업을 통해 래핑lapping을 진행하는 것으로 방향을 잡았다. 본사에서도 오케이 사인이 떨어졌다. 디지털카메라에 래핑을 한 키즈

어린이 전용 키즈카메라를 들고 어린이 사진 프로그램에 참여한 어린이들.

카메라가 세상에 나오는 순간이었다.

그리고 이런 키즈카메라를 이용해 키즈카페에서 캐논 어린이 사진 프로그램을 런칭했다. 기존 체험 프로그램의 한계로 인해 엄마들의 갈증이 있었는데, 새로운 프로그램에 엄마들의 만족도가 높았다. 입소문을 탄 어린이 사진 프로그램은 유치원, 비전센터, 어린이집, 그랜드하얏트 호텔, 워커힐 호텔, 백화점으로 확대되었다. 프로그램 문의가 쇄도하며 일정 잡기가 힘들 정도로 성황리에 진행되었다. DSLR 카메라에 밀려 처치 곤란 재고로 창고에 쌓여 있던 디지털카메라(a.k.a. 똑딱이) 처리에도 기여할 수 있었다.

물론 포토 앤드 키즈 사업이 캐논 전체 매출에 차지하는 비중은 미미했다. 하지만 성인에서 어린이로 제품 판매의 타깃을 넓히고 브랜드 이미지를 높이는 데 한몫했다. 다 떠나서 아이들에게 새로운 경험, 새로운 놀이 문화를 전파했다는 점에서 충분히 가치가 있었다. 무엇보다 기획자로서 2년간 고군분투하며 이런저런 실패도 맛보고 성취 경험도 할 수 있었던 좋은 기회의 장이 되어주었다.

살다 보면 누구나 한 번쯤 내가 한 일이나 업적에 대해 다시 생각해봐도 잘한 일이라는 생각이 들 때가 있다. 나한테는 포토 앤드 키즈 사업을 기획하고 실행한 일이 그랬다. 많은 반대와 실패도 있었지만, 그만큼 성과도 컸고 기획자로서 성장하는 발판이 됐기 때문이다. 그래서 나는 그 기획을 내가 캐논에서 남긴 위대한 유산이라고 생각한다. 더불어 그 유산의 발견, 그 힘든 고행길에 동행해준 똑똑한 후배이자 든든한 파트너였던 혜지에게 이 지면을 빌려 감사 인사를 전한다.

"우연이란, 노력하는 사람에게
운명이 놓아주는 다리다."

– 영화 〈엽기적인 그녀〉 중에서

우연이란 치열한 고민의 결과로 찾아오는
필연적인 행운일 뿐이다.
아무것도 하지 않고 우연을 기대할 수는 없다.
평소의 고민과 노력, 그 치열함이 쌓인다면
기획이라는 '다리'가 놓이고,
그 다리는 자연스레 기회라는 섬으로
우리를 안내해줄 것이다.

출근은 했지만,
일하기도 싫고 회사에 있기조차 싫은 날

(**'홀로데이'**)

캐논코리아에서 조직문화 담당자로 일하던 시절, 친하게 지내던 몇몇 워킹맘들과 티타임을 가지던 중에 이상한(?) 푸념을 들었다.

"휴가가 더 지옥이야."

휴가는 '쉴 휴休' 자에 '겨를 가暇'가 합쳐진 단어로, 말 그대로 집에서 여유롭게 쉬는 날이어야 하는데, 육아로 인해 달콤함보다 피곤함으로 점철되는 경우가 더 많다는 것이다. 차라리 회사가 편하다는 이야기까지 하는 걸로 봐서 육아 스트레스가 만만치 않다는 생각이 들었다.

그리고 며칠 뒤 날씨가 눈부시게 좋던 어느 날, 점심을 먹고 돌아오는 길에 동기가 이런 말을 해온다.

"대학 다닐 때는 날씨 좋으면 땡땡이도 치고, 잔디밭에서 술도 먹고, 공연 보러 가기도 하고 그랬잖아. 회사에도 가끔 그런 날 있으면 좋겠다."

아직 끝이 아니다. 우연한 발견은 최소 세 개의 사건(?)이 결합해야 일어난다. 다시 며칠 뒤, 팀장님과 담소를 나누던 중 이런 말을 들었다.

"임 과장, 요즘 젊은 애들 뭐 하고 노냐? 40대 넘어가니까 외롭고 뭐 하고 놀아야 하는지도 모르겠다. 맨날 술 아니면 당구장이니. 문화생활이나 취미활동도 좀 해보고 싶은데, 정보가 없다, 정보가."

워킹맘, 동기, 팀장님의 푸념 섞인 목소리가 하나로 엮이면서 머릿속에 하나의 기획이 스쳐갔다.

'그래, 출근은 했는데 일하기 싫은 날 있지. 출근하자마자 하루 정도는 땡땡이칠 수 있는 기회를 회사가 공식적으로 보장해주면 어떨까? 회사는 그 대가로 땡땡이쳐서 한 활동을 정보로 얻어서 사내에 공유하고.'

그렇게 시작된 기획의 콘셉트는 그때 당시 유행하던 욜로^{YOLO}, 혼밥 등의 개념과 할리데이^{holiday}를 결합하여 '홀로데이'로 명명했다. 온전히 나를 찾아 떠나는 나만의 여행으로 대외적인 메시지를 정하고 운영방식을 구체화했다.

- 1년에 딱 하루, 출근과 동시에 퇴근한다.

- 평소 시간 내서 하지 못했던 취미·문화 활동을 즐긴다.
- 둘, 셋이 아닌 반드시 혼자 체험하는 시간을 가진다.
- 회사는 활동 비용으로 5만 원을 지원한다.
- 활동 후 사진, 내용, 소감 등을 인트라넷에 올린다.

이렇게 정리한 기획서를 들고 사장님 앞에서 프레젠테이션을 진행했다.

"사장님. 아무리 사장님이라고 하지만, 사장님도 출근하고 나면 막상 일하기 싫은 날 하루쯤은 있으시죠? 그런 날 책상 앞에 앉아 있어봤자 일도 안 되고, 오히려 업무 의욕만 떨어지죠. 이런 경험들이 쌓이면 회사에 위기가 될 수 있습니다. 위기를 기회로 바꿔보는 것은 어떨까요? 그런 날 직원들에게 혼자 떠나는 휴가를 제공하고, 회사는 그에 대한 보상으로 정보를 얻습니다. 게다가 그렇게 하루 쉬고 돌아온 직원은 업무에 더 열중할 수 있으리라 생각합니다."

발표 내내 미소를 띠며 이야기를 듣던 사장님이 발표가 끝난 후 이렇게 말씀하셨다.

일상으로부터의 탈출

홀로 떠나는 휴가, Holoday

What's Holoday? (YOLO + Holiday)
출근은 했는데 일하기 싫은 날이나 회사에 있기 싫은 날!
회사는 1년에 단 하루 직원들에게 출근과 동시에 퇴근할 수 있는 기회를 제공한다

사장님 앞에서 했던 '홀로데이'
프레젠테이션 자료.

"임 과장, 자네가 가장 원해서 한 기획이지? 그래, 재미있구먼. 기획자가 원하고 확신하는 기획이라면 내가 한번 믿고 맡겨보지. 대신 성과에 대해서는 책임져야 할 거야."

그렇게 시작된 기획은 사장님이 오케이 하자마자 회사 공지사항으로 게시되었고, 즉각 시행에 옮겨졌다. 처음에는 반신반의하던 직원들도 한두 명이 다녀오고, 열 명이 다녀오고 그 경험이 공유되면서 가속도가 붙었다. 특히 워킹맘들의 전폭적인 지지가 있었다.

"진짜 간만에 애 봐주시는 시어머니 눈치 안 보고, 합법적으로(?) 혼자만의 시간 제대로 즐겼다."

그렇게 홀로 떠나는 휴가, 홀로데이는 선풍적인 인기를 끄는 조직문화 프로그램이 되었고, 어떻게 알았는지 현대자동차 조직문화 담당자가 찾아와서 이 기획을 벤치마킹해 가기도 했다. 대단한 기획은 아니라고 생각하지만 나름 의미 있는 기획이기에, 그 성공 요소를 세 가지로 정리해본다.

첫째, 고객의 숨은 니즈에서 출발했다. 조직문화 담당자의 고객은 직원들이다. 직원들의 불편, 문제, 필요를 찾아서 기획으로 연결해야 한다. 이때 인터뷰나 설문조사 등을 활용해도 되지만, 공식적이고 딱딱한 자리에서 속마음을 드러내기가 쉽지 않다. 진짜 니즈를 발견하기 힘든 것이다. 일상 속 대화나 평소의 행동을 관찰하며 기획으로 연결했기에 좋은 결과를 얻을 수 있었다. 홀로데이 기획도 직원들과 같이 담배 피우면서, 차 마시면서, 술 먹으면서 나누었던 대화를 모은 덕분에 탄생시킬 수 있었다.

둘째, 트렌드, 직원 의견 등을 근거로 활용했다. 기획을 하거나 새로운 시도를 할 때는 막연하거나 허무맹랑한 의견이 아니라 사실적인 근거로써 주장을 뒷받침해야 한다. 환경 변화, 관련된 사례, 고객 의견, 결과, 통계 자료, 언론 보도자료, 전문가 의견, 학술 자료 등 사실적인 근거를 토대로 주장을 해야 새로운 시도를 온몸으로 거부하는 상사의 벽을 넘을 수 있다. 기획에서 무기가 되는 것은 문제의식이지만, 그 무기를 날카롭게 하는 것은 관련된 사실이나 근거다. 뇌피셜이 아닌 오피셜로 무장해서 설득해야 한다. 홀로데이 기획도 타사 유사 사례, 직원들 인터뷰 결과, 논문 등의 자료를 적절히 곁들인 덕분에 반려를 반려할 수 있었다.

셋째, 작게 시행해보고 검증했다. 머릿속에서만 만들어진 기획은 어떤 방향으로 뻗어나갈지 모르고 실행 과정에서 문제가 발생하기도 한다. 많은 기획이 이 지점에서 망가진다. 실행에 따른 장애 요인을 예상하는 것은 그 어떤 일보다 중요한 기획의 요소다. 철저하게 시뮬레이션해 보고 체크하는 노력이 중요하다. 이와 관련해서 가장 확실한 방법은 파일럿테스트나 시범 운영을 진행해보는 것이다. 대상, 지역, 시간 등을 한정해 우선 작게 시도해보고 피드백을 반영해 보완해나가야 한다. 홀로데이도 최초 세 명을 선정해 파일럿테스트를 진행했다. 그 결과 만족스러운 부분은 강화하고, 부족한 부분은 보완하면서 프로그램의 완성도를 높일 수 있었다.

약 10년 전의 기획을 다시 꺼내 들춰보니 별거 아닌 기획 같기도 하고, 5만 원 비용에 하루 휴가가 대단한 프로그램이 아니란 생각도 든다. 하지만 그 당시 보수적인 일본계 회사에서 많은 팀장들의 반대를 극복하고 성과를 만들어낸, 나름대로 성공적인 기획이었다. 무엇보다 스스로가 재미있게 몰입해서 했던 기획이기에 그 시간만큼은 즐기면서 일했다는 데 의의를 두고 싶다. 또한 세상을 바꾸는 것은 때로는 크고 담대한 혁신보다 작고 소소한 그 무엇이 될 수도 있다는 점에서, 홀로데이를 기획한 나 자신을 칭찬해주고 싶다.

"나는 제대로
설득되어 있는가?"

– 웹툰 〈미생〉 중에서

나 자신이 설득되지 않는 기획은 사기와 다를 바가 없다.
기획을 시작하기 전에, 기획을 끝낼 때,
반드시 확인해야 할 단 하나의 질문은
'나는 설득되어 있는가'이다.
이 질문에 확신이 서지 않는다면
그 기획은 시작하지 않는 것이 낫다.

교육이 교육을 넘어설 때
진짜 교육이 시작된다

(**'뮤지컬 기획'**)

나의 첫 직장은 기업 교육 전문기관 한국능률협회였다. 지금은 그 위상이 달라졌지만, 그때 당시 일하면서 고객들에게 가장 많이 들었던 피드백은 "능률협회가 왜 그렇게 비능률적으로 일해요?"라는 말이었다. 게다가 회사가 시장을 선도한다기보다는 점점 시장에서 도태되는 느낌이었다. 가장 답답했던 것은 모든 교육 프로그램이 천편일률적으로 20시간짜리고, 하루 종일 꽉 막힌 강의장에서 진행된다는 점이었다. 모두가 당연시 여겼던 이 상황은 그 당시 열혈 청년, 열정 가득했던 신입사원의 눈에 슬슬 문제로 비춰지기 시작했다.

그러던 어느 날, 극장에서 영화 한 편 보고 나서 새로운 교육 방법에 대해 고민해볼 수 있는 계기를 만났다. 〈라따뚜이〉라는 애니메이션 영화였는데, 영화 내용은 하나도 기억나지 않지만, 한 가지 생각만큼은 확실하게 기억난다.

'영화 한 편이 20시간짜리 교육보다 더 큰 감동과 가르침을 줄 수 있다.'

애니메이션 감상에서 시작된 기획의 싹은 '교육이라는 게 꼭 강의실에서 강사 혼자서만 20시간 동안 해야 하는 것인가?'라는 문제의식으로 이어졌고, 오랜 고민과 준비 끝에 'CH2 프로젝트'라는 것을 기획하게 되었다. 지금 생각하니 촌스럽기 그지없는 작명 센스지만, 그 당시에는 스스로 대단하다고 여기며 자기애 뿜뿜했던 프로젝트였다.

CH2의 의미는 'Human과 Human 사이를 Culture로 잇다'라는 뜻으로, 주요 내용은 문화예술을 접목한 기업 교육이었다. 대망의 첫 사업으로 선택한 것은 '뮤지컬을 활용한 리더십 교육'이었다. 한마디로 리더십을 주제로 한 소형 뮤지컬을 제작해서, 교육생들은 강의가 아닌 뮤지컬을 보고 그에 대한 소감을 공유하고, 현업에 적용할 계획을 세워보는 교육 프로그램이었다. 뮤지컬 제목은 〈마음을 움직이는 요리사〉였는데, 신뢰를 잃은 주방장이 리더십을 배우며 성장하고 레스토랑을 일으키는 내용이었다.

CH2 프로젝트의 일환이었던 교육용 창작뮤지컬 <마음을 움직이는 요리사>.

당시 업계에서는 교육을 뮤지컬이라는 형식으로 담아낸다는 것 자체가 낯설고 새로운 시도였기 때문에 회사 내부적으로도 반대가 무척 심했다. 반대에는 분명 그만한 이유가 있다고 판단했고, 자세를 낮추어 듣고 또 듣고 그 의견들을 하나하나 반영해나갔다.

힘든 순간도 많았지만, 그때 김성탁 팀장님께서는 그런 나를 어르고 달래며 끝까지 지지해주셨다. '또라이가 하나 입사했네'라는 표정으로 바라보면서도 기특하다는 말씀과 함께 프로젝트를 승낙해준 최권석 대표님이 힘을 보태주셨다. 기타 여러 동료와 선배들의 도움을 받아 뮤지컬 프로그램은 시장에 반향을 일으키며 성공적인 교육 프로그램으로 자리매김할 수 있었다.

회사 매출에 크게 기여한 것은 아니지만, 당시 위상이 낮았던 능률협회의 인지도를 끌어올렸다. 교육생들에게 들었던 "와, 능률협회가 이런 것도 해요?"라는 칭찬은 지금까지 잊을 수 없는 자부심으로 남아 있다.

영화 한 편에서 느낀 소소한 경험을 놓치지 않았고, 반대에 부딪혔을 때 그들의 의견을 무시하지 않고 적극적으로 수용했고, 주변 사람들과 협업하며 끝까지 해내고자 한 의지가 빚어낸 산물, 교육용 창작뮤지컬 〈마음을 움직이는 요리사〉.

그 당시 많은 사람의 마음을 움직였고, 결정적으로 새로운 시도를 두려워하지 않고 즐길 수 있는 지금의 내 마음을 움직인 잊지 못할 프로젝트였다.

한국능률협회를 퇴사한 지 벌써 15년이 지난 지금, 어느 날 협회에 있는 임원이 전화를 해와서 이런 말씀을 해주셨다.

"엊그제 회사 워크숍 갔다 왔는데, 전 직원 다 모인 자리에서 대표님이 이런 말씀을 하셨어. '지금 같이 어려운 때, 임영균 씨 같은 사람 한 명만 있었으면 좋겠습니다'."

대표님한테는 수백 명의 직원 중 스쳐간 한 명의 직원일 뿐일 텐데 그렇게까지 말씀하신 이유는 잘 모르겠지만, 아마 기존의 당연함을 걸고넘어졌던 문제의식과 포기하지 않고 끝까지 밀고 나간 추진력 때문이 아니었을까, 지극히 주관적인 생각을 해본다.

직원들이 싫어하는 워크숍은
어떻게 축제가 되었나?

'달빛 아래 영화감상'

오래전, 상사의 유형을 '멍게', '멍부', '똑게', '똑부' 네 가지로 구분하는 것이 유행이었다. 사람마다 생각이 다르겠지만, 개인적으로 가장 빡센(?) 상사는 '똑부'라고 생각한다. '똑똑한데 부지런하기'까지 하면 여기저기서 일을 끌어오는 것은 기본이요, 재촉은 필수, 잦은 호출과 피드백은 옵션이기에 함께하기 가장 어려운 상사라고 생각한다.

불행인지 다행인지 캐논코리아에서 만난 상사가 '똑부'에 해당하는 분이었다. 승진 욕심도 많고 일에 대한 기대치가 높아서, 늘 최선을 넘어선 최고의 결과를 가져가야 겨우 일이 진행되었다. 반려가 생활의 일부였고, 수정 보완은 가장 친한 친구였다.

이런 상사가 유일하게 '돈 터치, 돈 워리' 하는 부분이 있었으니 바로 내가 기획한 행사를 검토할 때였다. 특히 매년 1박 2일로 진행하는 사내 워크숍 행사를 검토할 때면, "어떻게 이런 생각을 했니?", "진짜 재미있을 것 같다", "나도 진행팀에서 빠지고 참가자로 갈까?" 등등 연신 칭찬을 쏟아내며 좋게 평가해주셨다.

사실 캐논에서 진행하는 워크숍은 그리 달가운 행사는 아니었다. 워크숍 내용도 체육대회, 산행, 해병대 캠프, 도미노와 같은 프로그램이 전부였고, 일정이 금~토로 진행되다 보니 직원들 입에서 '회사도 싫은데 워크숍은 더 싫어'라는 볼멘소리가 나올 만했다.

'어떻게 바꿀 수 있을까?'

담당자로서 고민은 깊어갔다. 오랜 고민과 노력 끝에 결국 캐논의 워크숍은 마치 크리스마스처럼 직원들이 기다리는 행사로 거듭날 수 있었다. 심지어 입소문을 타서 다른 회사에서 벤치마킹하기도 했고, 어떤 회사는 심지어 3,000~4,000만 원쯤 비용을 주고 워크숍 행사 대행을 의뢰하기도 했다. 직원들의 반응도 뜨거웠다. 가끔 퇴사하는 직원들이 따로 인사를 하러 와서 이런 이야기를 했던 기억이 난다.

"과장님 덕분에 추억 많이 쌓았습니다."

"진짜 어디 가서 자랑하고 싶은 워크숍이었어요."

"다른 회사 가서도 꼭 추천하고 싶어요."

그렇다면 과연 캐논의 워크숍은 어떻게 직원들이 극혐하는 행사에서 애정하는 행사로 바뀔 수 있었을까? 기억 저편에 숨어 있는 오래전 기억을 꺼내 나름의 성공 요소를 네 가지로 정리해본다.

　　첫째, 행사에 재미를 더했다. 밋밋한 행사가 아니라 다양한 쇼와 예능에서 모티브를 가져왔다. 워크숍 조 배정은 월드컵 추첨 방식으로 긴장감을 더했고, 단체 버스가 아닌 조별로 렌트한 스타렉스를 타고 집결지로 이동했다. 중간중간 미션을 부여해 긴장감을 유지했고, 최종 미션은 여행지 소개 PT 만들기, 영화 만들기 등으로 난이도 있는 과제를 부여해 직원들의 도전정신을 이끌어냈다.

　　둘째, 디테일하게 관리했다. 행사는 방심하는 순간 사고가 나고 한순간에 무너진다. 또한 다른 기획과는 다르게 모든 것이 라이브로 진행된다. 일단 행사가 시작되면 멈출 수가 없다. 시간 단위, 분 단위로 이루어지는 행사의 흐름에 대한 디테일한 관리가 필요하다. 겉으로 보이는 프로그램은 시간대별로 관리했지만, 그 안에서는 분 단위로 시간을 쪼개서 관리하고 행사장을 발바닥에 불이 나도록 뛰어다녔다.

　　셋째, 사후 관리도 진행했다. 행사가 끝나면 직원들은 이내 현업으로 돌아가고, 언제 했었냐는 듯 힘들게 준비한

캐논 워크숍 프로그램의 대명
사였던 '무비스타' 프로그램
진행 과정. 직원들이 직접 촬
영, 편집, 포스터 제작까지 진
행했다.

행사에 대한 기억은 자연스레 사라져간다. 이런 망각을 추억으로 돌려주고자 행사 후기 업로드, 포토 콘테스트, 워크숍 추억 영상 업로드, 사진첩 제공 등으로 행사의 여운을 오래오래 남겨두었다.

마지막으로, 가장 중요한 것은 행사의 콘셉트를 짜서 행사의 매력도를 높였다는 점이다. 팀별로 영화를 만들고 다 같이 대형 운동장에서 감상하는 워크숍의 콘셉트는 '캐논 무비스타, 달빛 아래 영화감상'으로 했다. 팀별로 강원도 곳곳을 여행하며 소개 자료를 만드는 워크숍의 콘셉트는 '포토 앤드 트립, 그곳에 가다'로 했다.

콘셉트를 활용한 기획은 다른 행사에서도 빛을 발했다. 팀별로 밤샘 작업을 통해 아이디어를 도출하고, 다음 날 아침 프레젠테이션을 해서 아이디어에 대한 가치를 평가하는 워크숍을 진행한 적이 있다. 이 행사의 콘셉트는 '쇼 미 더 크리에이티브'였다. 새로운 사장님의 취임식 행사는 전임 사장님이 격려사를 하고 새로운 사장님이 바통을 이어받아 취임사를 하는 식으로 기획해, 콘셉트를 '오작교, 과거와 미래를 잇다'로 잡았다. 회사 10주년 행사는 10이라는 숫자를 모티브로 가져와서 10년간 회사를 이끌었던 성공 요소를 찾아보고 그 의미를 되새겨본다는 뜻으로 '10개의 D.N.A.를 찾아 떠나는 여행'이라는 콘셉트로

상상은 현실이 된다. 기획서에
썼던 콘셉트 '달빛 아래 영화감
상'이 실현되는 순간이었다.

진행했다. 이렇게 함으로써 전 직원 워크숍, 신임 사장 취임식, 10주년 기념행사와 같은 틀에 박힌 행사가 특별한 의미를 띤 이벤트가 되었다.

행사는 늘 부담이 컸던 기획으로 기억된다. 고객이 내부 직원들이기에 그 여파가 컸기 때문이다. 잘하면 본전, 못하면 개망신이 정설이다. 하지만 부담이 큰 만큼 더 큰 기회가 될 수도 있다. 예능프로그램에서 아이디어를 더하고, 디테일하게 관리하고, 끝나도 끝난 게 아니라 여기며 사후 관리를 하고, 매력적인 콘셉트를 더한다면 행사는 그 어떤 기획보다 재미있고, 나의 기획력을 보여줄 기회의 장이 될 것이다.

가끔 오래전 캐논에서 행사를 진행했던 사진을 보면 그 누구보다 치열했던 기획자 임영균의 생생한 모습이 그대로 담겨 있다. 그래, 나도 한때는 열정적인 기획자였다.

"기획은 한 줄이다."

– 일본의 기획자 노지 츠네요시

명 언
레시피

그 어떤 기획이든 한 줄로 말하지 못한다면,
그만큼 고민의 깊이가 덜했다는 것이다.
"한마디로 뭔데?"라고 물었을 때,
"응, 이거야" 하고 대답할 수 있는 콘셉트,
그것이 바로 기획의 한 줄이다.
그 한 줄을 찾아서 기획의 매력을 올려보자.

파본 아닙니다,
기획입니다

'보고서의 정석'

사실 이번 사례는 회사에서 했던 기획은 아니고 프리랜서로 독립하고 네 번째 책을 출간할 때 했던 기획이다. 별거 아니지만, 개인적으로는 가장 보람된 기획 중 하나이기에 소개해본다.

강의를 시작하고 그 횟수가 점점 늘어가던 어느 날, 내가 어디서 강의를 많이 하는지 살펴보니 공무원·공공기관의 비중이 높았다. 그 누구보다 보고서에 관심이 많고 잘 쓰고자 하는 그분들의 관심과 열정 덕에, 콘텐츠도 풍부해지고 내 실력도 업그레이드되었다. 덕분에『공무원·공공기관 보고서의 정석』출간까지 이어질 수 있었다. 감사하게도 호평이 이어졌고, 보고서 관련 책 중에 원탑이라고 리뷰를 남겨주신 분도 있었다. 출간된 지 3년이 지난 지금까지 꾸준히 팔리고 있는 효자 상품이다.

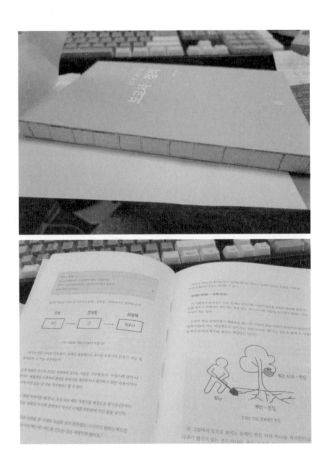

『보고서의 정석』에 적용한, 본
문을 묶은 실이 그대로 드러나
는 '누드제본'.
책장이나 책이 제멋대로 덮이
지 않는 장점이 있다.

물론 책의 내용이 좋아서 잘 팔리는 것도 있겠지만, 이 책이 잘 팔리는 데는 한 가지 기획이 숨어 있기 때문이라고 생각한다. 책의 제본을 풀이나 본드로 종이를 책등에 붙이고 표지를 입히는 '떡제본'이 아니라, 책등을 표지로 덮지 않아 본문 종이를 철한 실이 그대로 보이는 '누드제본'으로 한 기획이었다.

누드제본은 떡제본에 비해 비용이 두 배 가까이 발생하지만, 감히 떡제본이 따라올 수 없는 장점 하나가 있다. 책을 쫙 펼쳐놔도 책장이 넘어가거나 덮이지 않는다. 독서를 할 때 발생할 수 있는 소소한 불편함을 효과적으로 해결해주는 제본 방식이다.

사실 이 기획은 출판사 사장님의 말 한마디를 듣고 우연히 시작되었다. 내가 출간을 제안하면서 사장님에게 이렇게 어필한 적이 있다.

"제가 보고서 강의를 많이 하니까 부교재로 많이 팔릴 겁니다. 교육생들이 교과서처럼 보는 거죠."

잠깐 고민하던 사장님이 이렇게 말씀하셨다.

"교과서처럼 볼 때 책을 펼쳐놓으면 책장이 너무 잘 넘어가지 않을까요?"

그렇게 대화가 오가다 결국 누드제본을 한 『공무원·공공기관 보고서의 정석』이 세상에 나왔다.

그러나 이걸 어쩔. 너무 앞서갔나 보다. 사람들의 인식은 일반적인 제본 방식인 떡제본에 익숙해져 있는데, 갑자기 실밥까지 보이는 누드제본이라니 적잖이 당황했나 보다. 출간 첫날 서점에 500부가 판매되었는데, 그중 200부가 반품으로 들어왔다. 제본이 덜 되었다는 이유로 말이다. 교육 중 쉬는 시간에 조용히 찾아와 "강사님, 이거 파본이라 무료로 나눠주시는 거예요?"라고 묻는 사람들도 있었다.

아무리 좋은 기획도 그 기획 의도가 사람들에게 닿지 못하면 오히려 부정적인 경험을 초래할 수 있다는 교훈과 함께 뒤늦은 후회가 밀려왔다. 한마디로 돈 쓰고 욕먹는 꼴이었다. 다행히 출판사 사장님이 발 빠르게 대응해, 책의 띠지에 기획 의도를 설명하고 나서야 파본 논쟁은 종결될 수 있었다.

도서 기획. 그 핵심은 물론 콘텐츠다. 메인 디시에 최선을 다해야 한다는 생각에 변함이 없다. 하지만 시선을 책 안쪽이 아닌 겉에 둔다면, 아무도 신경 쓰지 않았던 제본 방식에 시선이 머문다면, 충분히 좋은 기획이 될 수 있다고 생각한다. 그런 의미에서 사소한 곳에서 고객이 겪는 불편함을 놓치지 않고 누드제본으로 연결한 기획을 스스로 칭찬해본다.

그나저나 새로운 책의 내용에 기획 사례라는 명목으로 기존 책을 살짝 끼워 넣은 것은 고도의 상술일까, 또 하나의 기획일까? 독자 여러분이 아량을 베풀어 후자의 손을 들어주시리라 기대해본다.

기획자의 습관

평소의 습관이 기획의 질을 결정한다

기획자의 습관 1

(전지적 참견 시점)

세상은 기획으로 넘쳐난다. 그 모든 것에 기획의 소스가 녹아 있다. 관심을 가지고 보면 모든 게 기획의 원천이 된다. 스치듯 지나쳤던 세상에 좀 더 관심을 가지고 관찰하면서 이렇게 질문해보면 어떨까?

'저거 왜 나왔을까? 문제가 뭐였을까? 핵심이 뭘까? 효과가 뭘까?'

이런 생각으로 세상을 관찰하고 분석하다 보면 자연스레 기획력이 키워지고, 향후 뭔가 기획을 할 때 이런 생각들이 연결되며 내 기획에 아이디어를 더해줄 것이다.

하늘 아래 새로운 것은 없다. 기획자의 눈으로 관찰하고, 거기서 기획에 대한 아이디어를 찾는 습관을 기른다면 좋은 기획자가 되는 데 한 발 더 다가설 수 있다. 도움이 되는 세 가지 습관을 소개해본다.

첫째, 평소 출퇴근 시에 이어폰 없이 다닌다. 지하철, 버스, 길거리, 사람들의 대화 소리, 소음 등도 기획의 원천이 될 수 있다. 때로는 스마트폰에서 눈 떼고 귀에서 이어폰 빼고 세상을 관찰하며 세상에 질문을 던져보자.

'저거 왜 나왔을까?'

'왜 저런 말을 할까? 무슨 문제가 있을까?'

'저 사람이 들고 있는 컵은 모양이 왜 길쭉할까?'

'광고 문구가 특이하네. 왜 저렇게 쓰여 있을까?'

'저 집 광고판은 왜 저렇게 디자인되어 있을까?'

질문이 생각의 물꼬를 트고, 그 생각은 기획으로 연결될 것이다.

둘째, 사람들의 불만이나 불평에 귀 기울인다. 주변에 프로 불만러 한두 명씩은 있다. 때로는 지나치게 부정적인 생각과 말투에 기분이 상할 수도 있지만, 한 번쯤 귀 기울이고 공감해보면 어떨까?

"진짜 햄버거 먹기 더럽게 불편하네. 질질 흘리게 만들어놨어."

"그렇지? 나도 그래. 햄버거 안 흘리고 먹을 수 있는 방법 없을까?"

셋째, '적자'생존이다. 적는 자만이 생존한다. 메모를 습관화하자. 내가 본 것, 들은 것, 생각한 것, 스쳐간 것 등

그 순간을 잡지 못하면 평생 그 생각과 다시 마주할 확률은 로또 당첨 확률보다 낮다. 그 순간의 느낌 그대로 메모를 해두고 주기적으로 확인하는 습관은 좋은 기획자가 되는 데 그 어떤 노력보다 도움이 된다.

'씹고, 뜯고, 맛보고'가 잇몸을 강화하는 방법이라면, '보고, 듣고, 적고'의 '3고'만 잘해도 기획력은 절로 키워질 것이다.

"모든 작곡가는
시간이 없어 적지 못한 아이디어를
잊어버리는 데서 생기는
고뇌와 절망을 알고 있다."

– 프랑스 작곡가 엑토르 베를리오즈Hector Berlioz

명 언
레시피

'나중에 해야지', '다음에 다시 생각나겠지',
'메모할 도구가 없는데' 이 세 가지 생각이
기획을 망치는 지름길이다.
마음이 있다면 어떻게든 메모를 할 수 있다.
그리고 그 잠깐의 불편함과 고단함은 나중에
한 달 이상의 가치를 만들어낼 것이다.

기획자의 습관 2

(　　　　　　　　　　　　　**유튜브 말고 유스윔?**)

'유튜브' 이전에 인간에게는 '튜브'라는 발명품이 있었다. 튜브는 대단한 발명품임이 틀림없다. 물에서의 자유를 인간에게 선물했으니 말이다. 거기에 한 글자를 더한 유튜브 또한 대단한 발명품이라고 할 수 있다. 세상의 모든 지식을 쉽고 편하게 유통하고 있다. 큰 노력 없이 지식을 취할 수 있는 세상이 되었다. 한마디로 지식도 떠먹여주는 시대다.

하지만 모든 것의 이면에는 그에 상응하는 리스크나 기회비용이 있기 마련이다. 튜브는 물에서의 자유와 편안함을 선물했지만, 튜브가 있음으로써 헤엄을 치지 않아도 된다는 안일한 생각이 들 수도 있고, 튜브에만 의지하면 스스로 헤엄치는 법을 배울 수 없다. 결정적인 순간 물에 빠지면 그냥 죽는 거다.

유튜브, 더없이 편하고 좋다. 누군가가 다 정리해서 알려준다. 나도 즐겨보는 편이다. 그런데 여기에도 함정은 있다. 누군가가 착착 정리해 알려주는 지식에 익숙해지면, 내가 뭔가를 찾아서 스스로 공부하는 방법은 잊어버리게 된다. 결정적으로 생각하는 능력을 잃어버리는 것이다.

사자를 울타리에 가둬서 키우면 점점 야수 본능을 잃어간다고 한다. 사육사나 관람객들이 시시때때로 먹이를 던져주는데 굳이 귀찮게 사냥을 할 필요성이 사라지는 것이다. 하지만 더 이상 사자를 키울 수 없어서 다시 야생으로 돌려보내야 한다면, 과연 그 사자는 며칠이나 생존할 수 있을까?

회사에서 일을 한다는 것은 한마디로 이런저런 문제를 해결하는 과정이다. 단순한 정보의 나열이나 사실의 조합을 찾는 것이 아니라, 이를 정리해서 내 생각과 의견을 내는 것이 중요하다. 많은 사람들이 어떤 문제나 과제가 주어지면 생각을 하기 전에 검색을 통해 정답을 구한다. 자신의 생각이 아닌 다른 사람의 생각에 의지하는 사람들이 점점 많아진다. 새롭고 신선한 생각보다 어딘지 모르게 비슷한 생각들만 양산되고, 아이디어는 균일화, 획일화되어간다. 더 큰 문제는 검색에 의존할수록, 스스로 생각하는 힘과 선택하는 능력을 잃어버린다는 점이다.

'행사 기획해보라'는 업무 지시에 '이번 행사의 의미는 무엇인지, 어떤 행사를 어떻게 할 것인지' 생각하기보다 미국산 구글이나 국내산 네이버에 키워드를 먼저 입력하는 행동을 보면서, 과연 스마트폰이 우리를 더 스마트하게 만드는 건지 다시 한번 되묻고 싶어진다.

어떤 일을 하든 스스로 질문을 던지고, 고민하고, 답을 찾아가는 과정에서 사고력이 생기고 내공도 쌓이는 법인데, 너무 쉽게 남이 만들어놓은 답을 찾아가는 과정에 길들면서 어쩌면 생각하는 능력마저 잃어버리는 것은 아닌지 걱정이 든다. '더 많이, 더 빠르게'라는 가치 속에 인간으로서 가져야 할 가장 중요한 사고력이나 창의력까지 기계에게 내주고 있는 것은 아닐까? 인공지능, 자동화 등 기술의 발달이 만들어낸 편리함과 효율성을 우리의 무능함과 바꾸고 있는 것은 아닌지 조금은 걱정스럽다.

마지막으로 머리 대신 엄지를 더 자주 쓰고, 생각 대신 검색을 더 많이 하는 사람들에게 이렇게 한마디 조언해주고 싶다.

"YOU TUBE에서 나와서 YOU SWIM 좀 하라고!"

"나에게 나무를 자를 여섯 시간을 준다면
나는 먼저 네 시간을
도끼를 날카롭게 하는 데 쓰겠다."

– 에이브러햄 링컨Abraham Lincoln

명 언
레시피

기획을 잘하려면 먼저 생각이라는 도끼를
날카롭게 갈아야 한다.
평소의 생각이 있다면 기획을 하는 데는
나머지 두 시간이면 충분하다.

기획자의 습관 3

(기획력은 책상머리가 아니라 밥상머리에서 키워진다)

"오늘 외식 뭐 먹으러 갈까?"

"아무거나."

"오늘 영화 한 편 보자. 뭐 볼까?"

"아무거나."

아마 익숙한 대화 장면이라고 생각한다. 누군가 의견을 물어보거나 선택을 요구할 때, 그 선택 앞에 '아무거나'라는 답변 뒤로 숨은 채 선택을 포기하는 경우가 있다. 물론 상대방이 답정너라서, 생각할 시간이 없어서 '아무거나'라는 메뉴를 찾는 경우도 있지만, 어느 정도는 '선택 피로 현상'이나 '책임 회피 현상'과도 관련 있다고 생각한다.

현대 사회는 그야말로 선택 과잉 사회이다. 오늘 무슨 영화, 무슨 채널을 볼지 고르는 일부터 식당을 정하고 메뉴를 정하는 일, 여행지를 정하는 일까지, 모든 것이 선택의 연속이다. 게다가 선택지가 너무 많고 사람들의 의견도 분분하다. 그래서 머리가 아프다. 누가 '딱' 정해줬으면 좋겠다. 선택을 갈구하지만, 역설적으로 선택해주기를 원하는 선택의 패러독스가 펼쳐진다.

　　때로는 선택에 따른 책임감의 무게 때문에 선택을 포기하기도 한다. 좋은 게 좋은 거고, 최대한 자신의 의견을 숨기고 대세에 편승하거나 실패를 최소화하는 방법을 따른다. 머릿속에는 자신의 의견이 있지만 선택에 따른 책임 때문에 그걸 표현할 용기가 나지 않는다.

　　'선택의 순간이 모여 삶을 만들어가는데, 선택을 포기하고 남의 선택에 의지한 삶의 끝에는 뭐가 남을까?'

　　선택과 책임은 일의 시작이자 기본이고, 일을 하는 데 있어 가장 중요한 태도이다. 내 말과 행동에 대한 자신감과 책임감이 있어야 원하는 것을 먹을 수 있고 원하는 일을 할 수 있다. '아무거나'만 찾다가는 평생 내 선택과 책임이라는 가치를 잃어버릴 수 있다. 더불어 성장의 기회까지 제한된다. 작은 선택을 회피하는 것이 습관이 되면, 선택하는 방법을 잊어버린 채 남의 생각과 의견만 좇게 된다. 성장의 기회는 결코 오지 않는다.

　　작은 일상에서부터 선택하는 습관을 통해 삶을 주도하는 연습을 해야 한다. 개인적으로 세 가지 습관을 추천한다.

첫째, 소소한 메뉴 선택, 영화 선택에서 적극적으로 내가 고민하고 선택한 후에 의견을 제안해본다.

"오늘 기분이 멜랑콜리하니 코미디 영화 보자."

둘째, 생각의 폭을 넓혀서 여러 가지 대안을 떠올려보고 비교해서 최종안을 선택한다.

"내가 보니까 〈세 얼간이〉랑 〈극한직업〉이 있는데, 아무래도 코미디 영화는 한국 정서가 더 잘 맞지. 〈극한직업〉 보자."

셋째, 내 최종 선택을 강화하는 근거 자료로 전문가 의견, 언론보도, 통계, 데이터 등을 찾아서 뒷받침한다.

"이번에 영화 평론가 ○○○ 씨가 〈극한직업〉에 평점 4.3 매겼고, 네이버 영화에서도 9.3이더라고. 친구도 이거 봤는데 끝장난대. 웃다가 실신한대."

삶도 하나의 기획이고, 사실 기획도 삶과 크게 다르지 않다. 모두 문제 해결이고, 그 과정에서 고민과 선택이 뒤따른다. 문제를 해결하기 위한 여러 가지 대안을 모색해보고, 선택하고, 그 선택을 강화하는 것에서 삶도 기획도 완성된다고 생각한다. 그래서 어느 정도는 상관관계가 있다고 생각한다. 잘 사는 사람이 기획도 잘한다.

그러니 기획력을 키우고 싶다면 평소에 고민하고

선택하는 연습을 하자. 책상이 아닌 밥상에서 메뉴를 선택하는 것부터 시작하면 된다. 그래, 기획 별거 없다. 책상머리가 아니라 밥상머리에서부터 해보자.

기획자의 습관 4

(내가 기획을 만나는 순간, 아침형 인간 어때?)

혹시 소제목을 보고 알레르기(?) 반응을 일으키거나 책을 덮는 분들이 있는 게 아닌지 모르겠다. 그 무엇보다 아침 잠 5분이 소중하고, 나는 누가 봐도 올빼미형인데 아침형 인간이 웬 말인가 싶기도 하다. 그럼에도 아침형 인간의 의미, 나아가 '아침'의 본질을 이해하고 나면 조금은 동의하지 않을까 생각하며 두 가지 이야기를 시작해본다.

살다 보면 가끔 이런 경험을 해본 적 있을 것이다. 오랜 시간 고민했지만 실마리조차 보이지 않던 아이디어가 자고 일어났더니 뚝딱하고 머릿속에 떠올랐던 경험 말이다. 그것도 평범한 아이디어가 아닌 세상 기가 막힌 아이디어가 말이다.

왜 이런 일이 벌어지는 걸까?

세상에는 너무 많은 정보가 있고, 시시각각 우리

뇌로 유입된다. 내 머릿속으로 유입된 정보가 정리되고 처리되기도 전에 또 다른 정보가 마구 밀려 들어온다. 이런 정보의 유입이 유일하게 차단되는 시간이 있으니, 바로 자는 시간이다. 그리고 그 시간 동안 내 머릿속에서는 정보가 정리되고 처리되는 과정이 일어난다. 그렇게 정리된 정보가 연결되고 새롭게 조율되면서 아침에 눈을 뜸과 동시에 '탁' 튀어나오는 것이다. 비틀스의 명곡 〈예스터데이〉도 폴 매카트니가 꿈속에서 들은 멜로디를 악보로 옮긴 것이라고 하니 허황한 이야기만은 아닌 듯싶다. 비틀스에 견줄 바는 아니지만, 나 또한 자고 일어나니 여러 가지 기획 아이디어나 글의 소재, 강의 아이디어 등이 떠오른 적이 많다. 내가 기획력을 쌓고 키운 그 시간은 아침이었다.

또한, 아침 시간은 유일하게 그 어떤 방해도 받지 않고 온전히 나만을 위해 '투자'할 수 있는 시간이다. 하루 24시간은 굉장히 긴 시간이다. 그런데 긴 하루가 끝나고 돌아보면, 나를 위해 투자한 시간은 단 1분도 없는 경우가 많다. 오전 9시부터 오후 6시, 여기에 야근까지 겹치면 꽤 늦은 시간까지 회사 일에 묶여 있고, 업무 외적인 시간은 대부분 가족, 친구, 동료와 보내게 된다. 그것도 아니면 지친 하루를 위로받기 위해 음악이나 영화, 드라마 등의 흥밋거리로 하루를 마무리하고는 한다. 그렇게 오랜 시간이 지나고 나면, 가끔 이렇게 현타 오는 경우가 있다.

'일 년 전이나 지금이나 똑같네.'

'왜 나만 뒤처진 것 같지?'

'세상은 빠르게 변하는데 나는 변한 게 없네.'

이런 생각이 들었다면 곰곰이 생각해볼 필요가 있다. 지난 1년간 나를 위해 투자한 시간이 얼마인지 말이다. 그 시간을 계산해보면 정확한 답이 나온다. 그 시간의 길이만큼 내가 변화했고 발전했던 것뿐이다. 나는 딱 그만큼 변해 있는 것이다.

사실 나도 그 누구보다 아침잠이 소중한 사람이었다. 알람시계 소리를 못 듣는 것은 기본이요, '5분만 더'를 세 번 이상 반복하고 나서야 일어났다. 출근 시간 딱 10분 전에 회사에 도착해 급하게 업무를 시작하고, 퇴근 후에는 친목 도모와 인맥 쌓기라는 명목으로 사람들과 어울렸다.

그렇게 쳇바퀴 돌듯 이어지는 일상이 무료해지고, 내 삶에 대해 진지하게 돌아볼 때쯤 한 가지 깨달음을 얻었다.

'뭐 하나 날 위해 하는 게 없구나.'

책을 써야겠다는 목표가 생기고 그 목표가 강력한 동기가 되면서, 아침 시간은 새롭게 다가왔다. 책 쓸 시간이 필요했던 나에게 아침 시간은 그야말로 온전히 글쓰기에만 집중할 수 있는 시간이었다. 주말에는 와이프와 딸이 자는 새벽이나 아침 시간에 나가서 글을 썼고, 주중에는 팀장님이 출근하기 전인 7시에 출근해서 두 시간 동안 글을 썼다. 그렇게 아침이 쌓이고 변화가 시작되면서 아홉 권의 책을 쓴 저자가 될 수 있었다.

이 글의 포인트는 '아침에 일찍 일어나서, 뭐라도 하라'는 것이 아니다. 여기서 말하는 아침의 본질은 '생각을 정리할 시간, 나만을 위한 시간'일 뿐, 그 시간이 꼭 아침일 필요는 없다. 점심때도 좋고, 저녁 시간, 혹은 새벽 시간도 좋다. 나만의 시간을 찾아 생각을 정리하고 나를 위해 투자하는 시간이라면, 그게 언제가 되든 상관없다.

아침에 일어나서 거울과 마주하는 것도 좋지만, 내 생각의 거울을 들여다보는 것은 어떨까? 그 안에 생각지도 못한 기획의 아이디어가 몰래 싹을 틔우고 있을지도 모른다. 매일 온전히 나만을 위한 시간 30분을 쌓아가보자. 그 시간이 모이고 쌓인다면 어제와 다른 나, 더 나은 내일의 희망이 되어줄 것이다.

기획자의 습관 5

(**아니, 아니 되오!**)

어느 예능프로그램에 출연한 연예인들이 한껏 개인기를 뽐낸다. 대부분 성대모사나 춤, 노래를 선택했는데, 어떤 연예인은 조금 다른 선택을 한다. 다소 레트로한 느낌의 차력이었다. 갑자기 스튜디오 한가운데 불을 붙인 봉이 등장하고, 그 연예인은 불봉을 입안에 넣고 끄는 기술을 선보였다.

그 불쇼를 선보인 연예인은 주변에서 대단하다고 칭찬을 하자, 너스레를 떨며 이렇게 말했다.

"사실 이거 아무나 다 할 수 있는 거예요. 불은 입에 들어가는 순간 꺼지게 되어 있어요. 근데 불이라는 두려움 때문에 그렇게 하지 못하는 것뿐이에요."

통찰이 느껴지는 발언이었다. 어쩌면 우리 모두 불쇼를 할 수 있는 능력을 지니고 있다. 단, 한 가지 조건이

붙는다. 불이 뜨겁고 무섭다는 두려움을 걷어내야 한다는 것. 그 두려움만 걷어내면 불쇼 아닌 외줄타기라도 못할 것은 없다고 본다.

사람들이 새로운 일이나 방법을 시도하지 못하고 머릿속에서 밀어내는 이유는 단지 머릿속에서만 상상하기 때문이다. 머릿속에 갇힌 생각이 두려움을 만나고, 안되는 이유를 만들어내고, 실행을 방해한다. 생각을 꺼내서 눈으로 보고 막상 해보면 별것 아닌 일이 많은데, 그 생각이 머릿속을 벗어나기까지가 가장 어렵다. 여기에는 몇 가지 심리적인 저항이 자리하고 있다.

먼저, 변화를 추진했다가 실패한 경험이 있다. 모난 돌이 정 맞는다는 것을 몸소 체감했다. 부정적인 경험이 쌓인 탓에 보수적인 자세를 취하게 된다. 있는 거나 지키고, 하던 거나 잘하자는 생각으로 이어진다. 또한, 사람은 누구나 자신의 경험 안에서 생각한다. 그동안 한 번도 보지도, 듣지도 못한 내용에 거부감이 든다. 여기에는 그동안 내가 해온 것이 옳다는 생각이 자리하고 있다. 결국 새로운 것은 옳지 않다고 결론을 내버리고, 시도하기조차 두려워한다.

위기는 극복하라고 있고, 저항은 맞서라고 있는 것이다. 그러니 길잡이별이 되어줄 세 가지 습관을 추천해본다. 우리가 많이 쓰는 문서 포맷 PDF만큼 자주 사용하기를 바라며 PDF라고 명명해본다.

Practice makes perfect.

실패는 성장의 밑거름이다. 설령 시도했다 실패하더라도 분명 남는 것이 있다. 회사는 결과로 말하는 곳이지만, 실패하는 과정에서 쌓은 경험과 노하우는 반드시 다음번 같은 일을 할 때 성공의 밑거름이 된다. 하지만 그 거름조차 준비하지 않는다면 평생 새로운 일은 하지 못하게 된다. 기획의 주류로 자리잡은 디자인 씽킹 방식도 결국 핵심은 '일단 해보고 안 되면 고쳐서 다시 한다'이다. 빠른 실행과 피드백을 통해 수정해 나가면서 완벽에 가까운 방법을 찾아가는 방법이다.

Doing is better than perfect.

소셜미디어 기업 페이스북의 사무실 곳곳에 붙어 있는 포스터 내용이다. 완벽보다 실행이 우선이라는 뜻으로, 완벽주의를 경계하기 위해 붙여놓은 문구이다. 물론 처음부터 완벽하면 좋겠지만, 세상에 그런 일이 있기는 할까? 일단 해보는 과정에서 수정 방향이 생기고 완성형으로 가는 것이지, 시도하기 전까지는 정답을 찾을 수 없다.

Foot in door effect.

방문판매 영업을 할 때 일단 벨을 누르고 문을 열기까지 가 어렵지, 문을 열고 한 발짝 내디디면 그다음부터는 쉽 다는 이론이다. '시작이 반이고, 천릿길도 한 걸음부터' 라는 말과 일맥상통하는 말이다. 100km는 어렵다. 하지 만 1km는 쉽다. 100m는 더 쉽다. 그리고 100m를 가는 데 성공하면 자신감이 붙고 할 수 있다는 동기가 발동된 다. 일명 '스몰 석세스'의 원리에 의해 작은 성공이 지속되 면서 큰 성공을 만들어낼 수 있다. 새로운 도전을 하는 게 어렵고 두렵게 느껴진다면 일단 첫발을 떼는 것으로 멋지 게 시작할 수 있다.

'이게 되겠어?', '말이 돼?'라는 생각이 좋은 기획 을 가로막는다. 어차피 세상에 정답은 없으니까, 한번 해 보고 안 되면 다시 하면 된다. 가능성을 막는 것은 머릿 속 생각일 뿐이다. 일단 부정적인 생각을 걷어내고 실행 에 옮기는 것이 중요하다. 새로운 아이디어에 실행에 대 한 의지와 책임감이 더해진다면 '될까?'는 '된다!'로 바뀌 는 순간이 반드시 찾아올 것이다. 기획자에게 '아니'는 '아니' 될 말이다.

쿠키 에피소드

끝날 때까지 끝난 게 아니다

천재
기획자

(**김 대리**)

102층 주상복합 아파트 안으로 B사의 최고급 승용차 한 대가 미끄러져 들어온다. 머리부터 발끝까지 한껏 멋을 낸 김 대리가 차에서 내린다. 건물 관리인에게 키를 건네고, 엘리베이터 안으로 발걸음을 옮긴다. 102층 펜트하우스 버튼을 누르고, 잠시 생각에 잠긴다.

'오늘 경쟁 PT 마지막에 그 멘트 날렸어야 했는데 아쉽네. 10억짜리 프로젝트를 수주하고도 스스로 만족하지 못하니 영 찝찝한데.'

후회도 잠시, PT 준비로 며칠 밤을 새운지라 금세 피곤이 밀려온다. 소파에 몸을 누인 김 대리의 눈에 책장 한구석에 꽂힌 책 한 권이 들어온다. 몇 년간 손을 안 댔는지 수북이 쌓인 먼지가 지나온 세월을 가늠케 한다.

'그래. 나도 지금은 어디 가서 천재 기획자 소리 들

지만, 10년 전만 해도 기획의 '기' 자만 들어도 기겁을 하고, '획' 자까지 들으면 진짜 획 하고 돌아버렸는데. 『시선의 발견』 한 권 읽고 이렇게 달라질 줄이야.'

가만히 눈을 감고 회상에 잠긴 김 대리의 머릿속으로 그동안 했던 수많은 기획이 주마등처럼 스쳐간다.

김 대리는 저마트 상품기획팀에서 사회생활을 시작했다. 평소 아보카도 비빔밥을 즐겨 먹던 김 대리는 숙성이 안 된 아보카도가 배송되어 아보카도를 전자레인지에 돌려 먹거나, 반대로 너무 숙성된 아보카도가 와서 이틀 만에 못 먹고 버리는 문제를 종종 겪었다. 안 되겠다 싶어서 팀장님께 '하루 하나 아보카도'를 제안했고, 이 상품은 저마트의 초대박 히트상품이 되었다. '하루 하나 아보카도'는 K-FOOD 열풍을 타고 세계로 수출되었고, 콧대 높은 영국의 비즈니스 잡지 『모노클』에 이렇게 소개되었다.

"한국의 천재 기획자가 아보카도의 고질적인 문제를 해결했다."

기획에 재미를 붙인 김 대리는 이후 수많은 기획을 쏟아내며 승승장구한다. 화장실에서 볼일을 본 후에 화장실에 진동하는 냄새 문제를 해결하기 위해 기획한 '한 스푼'은 대한민국 10대 히트 상품에 선정되었다. 마트 화장실 소변기에 최초로 그려 넣은 모기 한 마리는 세상에서 가장 유명한 모기로 거듭나며 세계 곳곳으로 뻗어나갔다.

이후 컨설팅 업계로 스카우트된 김 대리는 기획의 영역을 확장하며 다채로운 기획을 쏟아낸다. 해파리에서 추출한 소공성 구조체를 재료로 제빙제를 기획해, 해파리로 인한 어민들의 피해도 줄이고 팥빙수 업계의 신지평을 열었다. 모바일 세탁 서비스 '세탁이yo'는 1,000만 가입자를 돌파했다. 담배에서 냄새를 뺀 '와이코스'는 이미 연초 사용자 인구를 넘어선 지 오래다. 최근에 기획한 우주로 쏘는 유골함 캡슐은 일론 머스크Elon Musk에게 1,000억 달러에 판매되었다. 영화 〈미션 임파서블〉을 보다가 영감을 받아 레이저 광선 시스템을 신호등에 적용한 기획은 구글 사전에서 '무단횡단'이라는 단어를 지우는 데 결정적인 계기가 되었다.

이 밖에도 김 대리는 소소하지만 위대한 기획, 세상에 재미를 주는 기획, 시대에 한 획을 긋는 기획까지 성공시키며 대한민국을 넘어 세계적인 기획자로 거듭나고 있었다.

오늘은 천재 기획자 김 대리가 그 기획 노하우를 전파하기 위해, 미국 스탠퍼드 대학에서 졸업식 축사를 하는 날이다.

'잡스 형이 섰던 무대에 내가 서게 되는 날이 올 줄이야……'

감회에 젖을 때쯤 사회자의 소개 멘트가 들려오고, 수천 명의 학생이 우레와 같은 함성으로 김 대리를 맞이한다. 김 대리는 목소리를 가다듬고 축사를 시작한다.

"감사합니다. 먼저, 세계 최고의 명문으로 꼽히는 이곳에서 여러분의 졸업식에 참석하게 된 것을 영광으로 생각합니다. 사실 저는 대학을 졸업하지 못했습니다. 태어나서 대학교 졸업식을 이렇게 가까이서 보는 것은 처음이네요. 오늘 저는 여러분에게 제가 기획을 하는 세 가지 방법을 이야기해볼까 합니다. 그게 전부입니다. 그저 세 가지 방법일 뿐입니다.

먼저, 일상의 당연함에 '딴지'를 거는 것입니다. 사람들은 일상의 불편함에 익숙해져서 그게 당연하다고 생각합니다. 하지만 세상에 당연한 것은 없습니다. 당연하다고 생각하는 것만 있습니다. 그 당연함이 당연하지 않다는 생각이 기획의 싹을 틔웁니다. 지금 당장 눈앞에 펼쳐진 세상을 향해 이렇게 질문해보는 것은 어떨까요?

'왜 샌드위치는 꼭 흘리면서 먹어야 해?'

'와인 이름은 왜 하나같이 재기발랄해? 장례식장에

서 먹는 와인은?'

'왜'라는 질문이 당연함에 거는 '딴지'가 창의적인 기획의 시발점이 되어줄 것입니다.

두 번째는 '기지'를 발휘하는 것입니다. 늘 똑같은 문제만 생각하면 똑같은 해답만 보입니다. 문제를 새롭게 정의해보고, 역발상을 해보는 것은 어떨까요? 고객 여정 지도와 같은 기법을 통해 새로운 영역에서 문제를 발견해 보는 것은 어떨까요?

때론 스캠퍼 기법을 통해 결합하고, 제거하고, 변형하는 방법을 기획에 적용해보는 겁니다. 5Why 기법을 통해 좀 더 본질에 다가가다 보면 창의적인 해결책이 떠오르지 않을까 생각합니다. 워킹 백워드는 고객 입장에서 생각하고 좋은 기획을 할 수 있는 가장 쉽고 빠른 방법입니다. 이런 생각의 습관들이 쌓일 때, 여러분이 하는 기획에 특별함이 더해질 것입니다. '딴지'에 '기지'가 더해진다면 기획은 싹을 틔우고 꽃을 피울 것입니다.

마지막으로, 꽃이 향기를 내려면 반드시 필요한 것이 '의지'입니다. 아이디어가 아이디어에 머물면 거기서 수명을 다합니다. 금방 시들게 되어 있죠. 머리 밖으로 꺼내 실행에 옮겨야 기획이 되고 기회가 만들어집니다. '될까?'라고 망설이는 순간 우리 뇌는 생각을 멈추고 두려움을 생산해댑니다. 물음표를 걷어내고 느낌표를 띄우는 순간 의지가 생기고 새로운 생각도 더해집니다.

안 된다고 생각하면 핑계를 찾고, 된다고 생각하면 방법을 찾는 것이 사람입니다. 딴지, 기지에 의지까지 더해진다면 기획은 '향기'를 품고 세상에 수많은 이로움을 만들어낼 것입니다. 그리고 그 기획을 하는 사람에게는 무한한 기회의 샘이 될 것입니다.

'딴지, 기지, 의지.'

저는 이 '3지 정신'이야말로 기획의 본질이자 전부라고 생각합니다. '3지 정신'을 갖추고 하나하나 기획을 시도해나갈 때, 기획은 여러분에게 빛나는 기회로 다가갈 것입니다. 여러분의 사회생활에 수많은 기획이 함께하길, 그 기획이 기회로 연결되길 희망합니다."

연설이 끝남과 동시에 여운을 즐길 틈도 없이 다시 어디론가 바쁘게 이동하는 김 대리. 이번에는 노벨기획상 시상식에 참가해야 한다. 축하 공연이 끝나고, 사회자가 올해의 기획상 수상자로 김 대리를 호명한다. 김 대리가 떨리는 목소리로 수상 소감을 말한다.

"영광스러운 상을 주셔서 감사합니다. 저는 가장 개인적인 것이 가장 창의적인 것이라고 생각합니다. 사람들은 보통 기획을 할 때 환경 분석, 시장조사, 고객 인터뷰 등을 먼저 합니다. 마치 기획을 학문처럼 여기고 접근하죠. 하지만 저는 정확히 그 반대의 방법으로 기획을 시작합니다. 평소에 제가 가지고 있는 개인적인 문제의식에서 말이죠. 기획은 학문이 아니라 일상이거든요. 물론 그 후에 분석이나 조사 과정을 거치기는 하지만, 그 시작만큼은 제 직관을 믿는 편입니다. 그렇게 해서 좋은 결과로 이어진 기획도 많았고요.

앞으로도 개인적인 관찰과 경험에서 발견한 문제의식을 놓치지 않고 실행에 옮겨서 소소하지만 위대한 기획, 재미있는 기획, 세상을 이롭게 하는 기획에 도전하겠습니다. 감사합니다."

그때였다. 관객석에서 한국인으로 보이는 사람이 손을 들고 이렇게 질문한다.

"김 대리님! 수상 축하드립니다. 그런데 혹시 지금 쓰고 있는 기획서는 다 쓰신 건가요?"

"네? 기획서요?"

당황한 김 대리를 향해 40대 중반으로 보이는 남자가 다그치기 시작한다.

"네, 김 대리님. 사장님 보고가 코앞인데 여기서 한가하게 이러고 계실 때가 아닌 것 같은데요!"

알 수 없는 이상한 말들에 정신이 혼미해진 김 대리

는 이내 의식을 잃고 쓰러진다.

얼마 후 정신을 차린 김 대리. '여긴 어디? 나는 누구?'라는 생각이 들 찰나, 부장님의 잔소리 폭탄이 쏟아진다.

"김 대리, 정신 차려! 사장님 보고까지 이틀 남았다. 쓰라는 기획서는 안 쓰고 잠이나 퍼자고 있어? 도입부 명분이 약하다고 했지? 내용 보강하고 경쟁사 분석 자료도 추가해. 콘셉트 장표는 좀 더 고민해서 엣지 있게 만들고."

천재 기획자 김 대리는 어디 가고 책상 앞 거울에는 고양이 앞에 쥐 꼴을 한 힘겨운 직장인만 자리하고 있었다.

'그럼 그렇지. 내가 무슨 천재 기획자야.'

꿈에서 깨고 마주한 현실은 짜증 섞인 부장님 얼굴과 이틀 앞으로 다가온 마감시한뿐이었다. 촉박한 마음에 불안감이 몰려오고, 꿈과의 괴리감에 헛헛한 마음이 든다. 하지만 왠지 모르게 김 대리의 입가에 기분 좋은 웃음이 묻어난다. 비록 꿈이었지만, 한 가지 큰 깨달음을 얻었기 때문이다.

'그래, 기획 별거 없구나. 일상에서 문제를 발견하고, 그곳에 시선이 닿을 때 좋은 기획이 시작될 수 있지.

늦었다고 생각할 때가 가장 빠른 법. 처음부터 제대로 시작해보는 거야. 기획의 ABC부터!'

영어의 시작은 ABC, 기획의 시작도 ABC

Around

앞서 다양한 기획 사례를 소개했다. 형태도, 분야도, 대상
도 다양하지만 한 가지 공통점이 있다. 우리 일상이나 주
변에서 발견한 문제의식에서 출발한 기획이라는 점이다.
지면의 한계로 이 책에서는 다루지 못했지만, 숙박업의
판도를 바꾼 에어비앤비, 중고 시장의 거물이 된 당근마
켓, 새벽 시간을 지배하는 마켓컬리, 모두 일상의 관찰과
경험에서 소소하게 시작한 기획이었다.

　　일반적으로 사람들은 기획을 할 때 검색을 하거나
자료를 찾거나 조사를 먼저 한다. 혹은 기획을 마치 대단
한 분석 과정이나 프로세스로 생각하고 SWOT 분석, 3C
분석, 매트릭스, 비즈니스 모델 캔버스 등 수많은 분석 도
구와 방법론을 떠올린다. 물론 기획에 정답이 없기에 이

방법이 틀렸다는 것은 아니다. 하지만 좀 더 좋은 기획, 창의적인 기획은 일상의 경험에서 시작되는 경우가 많다.

세상을 관찰하거나 일상의 경험 속에서 '오? 이런 문제가 있네? 이거 해보면 어떨까?' 하고 가볍게 시작하는 것이다. 해보고 안 되면 다시 한다는 자세로 일단 가볍게 시작해보면 된다. 기획을 실행하고, 고객을 설득하고, 성과를 만들어내기까지는 멀고도 험한 과정이 이어지겠지만, 그 시작만큼은 가볍게 '툭' 했으면 한다.

Bus 안에서

미국의 뇌과학자인 마커스 라이클Marcus Raichle 교수는 연구 논문에서 우리 뇌가 쉬고 있을 때 활성화되는 뇌의 영역을 '디폴트 모드 네트워크default mode network'라고 명명한 바 있다. 그는 디폴트 모드 네트워크가 활성화될 때, 평소에 생각하지 못했던 것들이 서로 연결되면서 창의성과 통찰력이 나온다고 설명한다.

새로운 발견과 통찰은 쉴 새 없이 정보에 노출되고 사고하는 과정이 아니라, 오히려 아무 생각 없이 뇌 활동을 멈추고 휴식하는 상태에서 생겨난다는 뜻이다. 역설적이게도 사람의 창의력이 가장 극대화되는 순간은 아무 생각 없이 정보가 차단되는 순간이었다.

'3B 법칙'이라는 것이 있다. Bus, Bath, Bed를 의미하는데, 상대적으로 정보에 노출되는 빈도가 적은 공간에서 그동안 쌓인 정보와 생각이 얽히면서 새로운 생각이 만들어진다는 것이다. 버스를 타고 멍하니 이동하던 중에 기가 막힌 생각이 떠오르고, 샤워를 하다가 불현듯 아이디어가 생각나거나, 침대에 누워 잠을 청하는 순간 갑자기 이런저런 생각들이 춤을 추는 경험. 바로 이런 순간들이 디폴트 모드 네트워크가 발동되는 순간이다.

이때, 이런 생각들을 머릿속에만 남겨둔다면 기획은 시작되지 않는다. 머릿속이 아닌 노트에 꽉 붙잡아놔야 한다. 아이디어가 떠오르는 순간에 만족하고 메모하지 않으면, 집 나간 아이디어는 다시는 돌아오지 않는다. 영원한 생이별만 남을 뿐이다. 1시간 뒤, 10분 뒤, 1분 뒤도 아닌 아이디어가 떠오른 바로 그 순간 메모를 하거나 녹음을 해야 효과적이다. 시간이 지나면 아무리 뇌를 되새김질해도, 그 순간의 결정적인 생각과 느낌을 똑같이 기억해내지 못한다.

불현듯 떠오르는 아이디어를 하찮다거나, 귀찮다거나, 별거 아닌 것 같다고 해서 그냥 흘려보내서는 안 된다. 그렇게 놓친 아이디어에 빛나는 기획의 기회가 숨어 있을 수 있다.

Change from Confidence

예능 PD로 성공을 거둔 나영석 PD는 어느 인터뷰에서 이런 말을 한 적이 있다.

"감사하게도 많은 시청자분이 제가 만든 프로그램을 사랑해주시지만, 사실 저는 새로운 프로그램을 기획할 때마다 늘 불안합니다. '이게 될까?'라는 생각이 떠나질 않죠. 그래도 어쩌겠어요. 그냥 한번 해보는 거죠. 어차피 결과는 알 수 없으니까요."

우리는 나영석 PD를 성공의 아이콘으로 생각하지만, 보이지 않는 그의 머릿속에서는 늘 '될까?'와 '된다!'가 사투를 벌인다고 한다. 다행히 그 사투 끝에 늘 물음표가 아닌 느낌표가 남기 때문에, 우리가 안방극장에서 〈1박 2일〉, 〈삼시세끼〉, 〈꽃보다 할배〉 같은 웰메이드 프로그램을 만날 수 있는 것이다.

우리는 늘 기획 앞에 망설인다. '이게 되겠어?', '말이 돼?', '이미 있는 거 아니야?'라는 생각이 좋은 기획을 가로막는다. 하지만 가능성을 막는 것은 머릿속 생각일 뿐이다. 일단 부정적인 생각을 걷어내고 실행에 옮기는 것이 중요하다. 어차피 세상에 정답은 없으니까, 한번 해보고 안 되면 다시 하면 된다.

"진짜 문제가 뭔지 알아? 철조망은 농장 주위에 있

는 게 아니라 너희 머릿속에 있어."

영화 〈치킨 런〉에 나오는 명대사다.

일상에서 기획을 발견하고 평소의 생각을 잘 모으고 '될까?'를 '된다!'로 바꾸고 실행할 수 있는 의지만 있다면, 기획은 그 어떤 방법보다 자신에게 기회를 만들어주는 일이 될 것이다. 토익도, 회화도, 라이팅도 영어의 기본이 ABC에서 시작되는 것처럼, 기획도 그렇게 ABC부터 시작하면 된다.

여러분이 기획을 시작하는 데, 그리고 그 기획으로 세상을 밝히고 이롭게 하는 데 이 책이 작은 도움이 되길 바라며, 이제 그만 내 시선을 거두도록 하겠다.

시선의 발견

기획자의 시선으로 바라본 세상,
그곳에 아직 발견하지 못한 기회가 숨어 있다

© 임영균 2023

1판 1쇄 인쇄 2023년 8월 14일
1판 1쇄 발행 2023년 8월 24일

지은이 임영균
펴낸이 황상욱

편집 이은현 박성미 이미영 | **디자인** 박선향
마케팅 윤해승 장동철 윤두열 양준철 | **경영지원** 황지욱
제작처 한영문화사

펴낸곳 ㈜휴먼큐브 | 출판등록 2015년 7월 24일 제406-2015-000096호
주소 03997 서울시 마포구 월드컵로14길 61 2층
문의전화 02-2039-9462(편집) 02-2039-9463(마케팅) 02-2039-9460(팩스)
전자우편 yun@humancube.kr

ISBN 979-11-6538-355-8 03320

인스타그램 @humancube_group 페이스북 fb.com/humancube44